BALKAN MATHEMATICAL OLYMPIADS

历届巴尔干
数学奥林匹克试题集

● [美] 伯格丹（Becheanu, M.） 编著
● 郑元禄 译

哈尔滨工业大学出版社
HARBIN INSTITUTE OF TECHNOLOGY PRESS

黑版贸审字 08—2014—048 号

内 容 简 介

本书是巴尔干数学奥林匹克提出的问题汇编,还包括由全体评审人员讨论过的一些问题. 它不但是初等数学问题的汇编,而且是巴尔干数学奥林匹克的历史纪录,巴尔干数学奥林匹克是世界最早举办的地区性高中学生数学竞赛之一. 本书全部问题都提供了完全的解答,许多问题有几个不同的解法,我们还提出了一些推广.

本书适合准备参加数学竞赛的学生以及数学爱好者研读.

图书在版编目(CIP)数据

历届巴尔干数学奥林匹克试题集/(美)伯格丹(Becheanu,M.)编著;郑元禄译. —哈尔滨:哈尔滨工业大学出版社,2015.5
(数学奥林匹克及数学竞赛系列)
ISBN 978—7—5603—5114—8

Ⅰ.①历… Ⅱ.①伯… ②郑… Ⅲ.①中学数学课—高中—习题集 Ⅳ.①G634.605

中国版本图书馆 CIP 数据核字(2014)第 303170 号

All rights reserved. This work may not be translated or copied in whole or in part without the written permission of the publisher GIL Impex S. R. L. — www. gil. ro and the authors except for brief excerpts in connection with reviews or scholarly analysis.

策划编辑	刘培杰 张永芹
责任编辑	张永芹 杜莹雪
封面设计	孙茵艾
出版发行	哈尔滨工业大学出版社
社　　址	哈尔滨市南岗区复华四道街 10 号 邮编 150006
传　　真	0451—86414749
网　　址	http://hitpress. hit. edu. cn
印　　刷	哈尔滨市石桥印务有限公司
开　　本	787mm×1092mm 1/16 印张 11.75 字数 245 千字
版　　次	2015 年 5 月第 1 版 2015 年 5 月第 1 次印刷
书　　号	ISBN 978—7—5603—5114—8
定　　价	38.00 元

(如因印装质量问题影响阅读,我社负责调换)

前　言

最近这些年,许多关于数学问题的图书出版了,当然,更多的这类图书被编写出来了.为什么要编写数学问题的图书?实际上,数学的产生是为了解决能用数学语言表达的所有类型问题,然后,为了解答数学问题,不同数学理论被利用或新的理论产生,它们在研究论文或研究著作中被提出来了.

还有许多包含初等数学问题的图书,它们的目的是为未来数学家的数学教育服务的.在这类图书中所提出的数学问题的质量非常重要,但是它们的陈述也同样决定它们是否有吸引力.

本书是巴尔干数学奥林匹克提出的所有问题的汇编,同时包括全体评审人员在这些竞赛中讨论的一些问题.它不但是初等数学问题的汇编,而且是巴尔干数学奥林匹克历史的纪录,巴尔干数学奥林匹克是最早举办的高中学生数学竞赛之一.

正如已经公认的,1959 年产生的国际数学奥林匹克(IMO)对全世界年轻学生的数学教育的发展有着重要贡献.它们不仅扩展了对年轻人数学教育所用数学问题的范围,还提高了他们的能力.很多数学家体会到,利用他们研究的问题的某些部分作为初等教育问题非常重要.

在巴尔干的一些国家参与国际数学奥林匹克期间,这个地区的一批国家就产生了在巴尔干国家举办地区数学竞赛的计划.虽然国际奥林匹克的竞赛规则对中学生很有鼓励作用,其中大约有一半人可能得奖,但是竞赛问题是很困难的,许多学生由于不同原因受到挫折.其次,在国际数学奥林匹克之前的预赛被认为是受欢迎并且很有益的.第 1 届巴尔干数学奥林匹克于 1984 年在希腊的雅典举行,参加的国家是保加利亚、希腊与罗马尼亚,竞赛规则大体上与国际数学奥林匹克相同.后来竞赛范围扩大了,如今 10 个国家是正式的参赛国家,参赛国家数量不受限制.最近几年,像匈牙利、英国、哈萨克斯坦的代表队作为被邀请国家参加了竞赛.重要的是要指出,巴尔干数学竞赛的问题一般是原创的,但不比国际奥林匹克困难,从而鼓励许多年轻人或有较少经验的学生来解答这些问题.还有,他们成功地解答这些问题后,将激发他们专心钻研数学的兴趣.本书作者努力向读者们提供巴尔干数学奥林匹克发展至今的完整叙述,全部问题都给出了完整解答,许多问题还给出各种不同的解法.读者可以根据问题质量的实际提高,来说明学生数学知识准备工作的进步.补充准备的附录放在本书末尾,附录包含许多数学概念与有用的古典结果.作者向本书的编辑,特别是向 GIL 出版社社长 M.Lascu 表示深切的感谢.

作　者

目 录

第 1 部分　问题与解答 …………………………………………… 1

  第 1 届巴尔干数学奥林匹克,希腊,1984 ………………………… 3
  第 2 届巴尔干数学奥林匹克,保加利亚,1985 …………………… 9
  第 3 届巴尔干数学奥林匹克,罗马尼亚,1986 …………………… 14
  第 4 届巴尔干数学奥林匹克,希腊,1987 ………………………… 18
  第 5 届巴尔干数学奥林匹克,塞浦路斯,1988 …………………… 23
  第 6 届巴尔干数学奥林匹克,南斯拉夫,1989 …………………… 29
  第 7 届巴尔干数学奥林匹克,保加利亚,1990 …………………… 37
  第 8 届巴尔干数学奥林匹克,罗马尼亚,1991 …………………… 40
  第 9 届巴尔干数学奥林匹克,希腊,1992 ………………………… 47
  第 10 届巴尔干数学奥林匹克,塞浦路斯,1993 ………………… 53
  第 11 届巴尔干数学奥林匹克,南斯拉夫,1994 ………………… 58
  第 12 届巴尔干数学奥林匹克,保加利亚,1995 ………………… 64
  第 13 届巴尔干数学奥林匹克,罗马尼亚,1996 ………………… 69
  第 14 届巴尔干数学奥林匹克,希腊,1997 ……………………… 74
  第 15 届巴尔干数学奥林匹克,塞浦路斯,1998 ………………… 78
  第 16 届巴尔干数学奥林匹克,马其顿,1999 …………………… 83
  第 17 届巴尔干数学奥林匹克,摩尔多瓦共和国,2000 ………… 92
  第 18 届巴尔干数学奥林匹克,南斯拉夫,2001 ………………… 98
  第 19 届巴尔干数学奥林匹克,土耳其,2002 …………………… 104
  第 20 届巴尔干数学奥林匹克,阿尔巴尼亚,2003 ……………… 110
  第 21 届巴尔干数学奥林匹克,保加利亚,2004 ………………… 115
  第 22 届巴尔干数学奥林匹克,罗马尼亚,2005 ………………… 121
  第 23 届巴尔干数学奥林匹克,塞浦路斯,2006 ………………… 127

第 2 部分　补充问题 …………………………………………… 131

  几何学 ……………………………………………………………… 133
  代数学与数论 ……………………………………………………… 147

附录 …………………………………………………………………… 154

  欧拉线 ……………………………………………………………… 154
  九点圆 ……………………………………………………………… 155
  欧拉三角公式 ……………………………………………………… 157

  莱布尼茨关系式 ……………………………………………… 159
  埃森斯坦准则 ………………………………………………… 160
  杨氏不等式 …………………………………………………… 161
  术语表 ………………………………………………………… 161
符号索引 ………………………………………………………… 165
参考文献 ………………………………………………………… 166

第1部分

问题与解答

第1届巴尔干数学奥林匹克

希腊,1984

第1届巴尔干高中学生数学奥林匹克于1984年5月6日至10日在希腊的雅典举行. 这次竞赛由希腊数学会组织,参加的国家是保加利亚、希腊与罗马尼亚,它们是这个竞赛的创始国家.

1.1 令 $n \geq 2$ 是正整数,$a_1, a_2, \cdots, a_n$ 是正实数,使 $a_1 + a_2 + \cdots + a_n = 1$. 求证以下不等式成立

$$\frac{a_1}{1+a_2+a_3+\cdots+a_n} + \frac{a_2}{1+a_1+a_3+\cdots+a_n} + \cdots + \frac{a_n}{1+a_1+\cdots+a_{n-1}} \geq \frac{n}{2n-1}$$

(希腊)

证1 因为 $\sum_{k=1}^{n} a_k = 1$,所以已知不等式可以写成下式

$$\sum_{k=1}^{n} \frac{a_k}{2-a_k} \geq \frac{n}{2n-1} \tag{1}$$

注意

$$\frac{a_k}{2-a_k} = \frac{2}{2-a_k} - 1$$

从而式(1)等价于

$$2\sum_{k=1}^{n} \frac{1}{2-a_k} - n \geq \frac{n}{2n-1}$$

或

$$\sum_{k=1}^{n} \frac{1}{2-a_k} \geq \frac{n^2}{2n-1} \tag{2}$$

后者容易从调和平均数-算术平均数不等式推出:注意 $2-a_k > 0$,从而有

$$\frac{n}{\sum_{k=1}^{n} \frac{1}{2-a_k}} \leq \frac{1}{n}\sum_{k=1}^{n}(2-a_k) = \frac{1}{n}\left(2n - \sum_{k=1}^{n} a_k\right) = \frac{2n-1}{n}$$

证2 我们利用詹森不等式来证明式(1). 考虑凸函数 $f:(0,1) \to \mathbb{R}$, $f(x) = \frac{x}{2-x}$, 于是有

$$\frac{1}{n}\sum_{k=1}^{n}\frac{a_k}{2-a_k} = \frac{1}{n}\sum_{k=1}^{n}f(a_k) \geqslant f\left(\frac{1}{n}\sum_{k=1}^{n}a_k\right) = f\left(\frac{1}{n}\right) = \frac{1}{2n-1}$$

证 3 我们用詹森不等式与柯西 — 施瓦兹不等式来证明式(1). 考虑凸函数 $f:(0,1) \to \mathbb{R}$, $f(x) = \frac{1}{2-x}$, 把詹森不等式应用于数 $a_1, \cdots, a_n$ 与满足条件 $\sum_{k=1}^{n}a_k = 1$ 的权 $a_1, \cdots, a_k$, 得出

$$\sum_{k=1}^{n}a_k f(a_k) \geqslant f\left(\sum_{k=1}^{n}a_k^2\right)$$

显然有

$$\sum_{k=1}^{n}\frac{a_k}{2-a_k} \geqslant \frac{1}{2-\sum_{k=1}^{n}a_k^2}$$

因此只要证明下式即可

$$\frac{1}{2-\sum_{k=1}^{n}a_k^2} \geqslant \frac{n}{2n-1}$$

此式等价于

$$\sum_{k=1}^{n}a_k^2 \geqslant \frac{1}{n}$$

这个不等式可以用柯西 — 施瓦兹不等式得出, 为

$$1 = \left(\sum_{k=1}^{n}a_k\right)^2 \leqslant (1+\cdots+1)(a_1^2+\cdots+a_n^2) = n\sum_{k=1}^{n}a_k^2$$

1.2 令四边形 $ABCD$ 是循环四边形(即圆内接四边形), H_A, H_B, H_C 与 H_D 分别是 $\triangle BCD, \triangle CDA, \triangle DAB$ 与 $\triangle ABC$ 的垂心. 求证: 四边形 $ABCD$ 与四边形 $H_A H_B H_C H_D$ 全等.

(罗马尼亚)

证 1 令 O 是四边形 $ABCD$ 的外接圆圆心, M 是线段 AB 的中点, G_A, G_B, G_C 与 G_D 分别是 $\triangle BCD, \triangle CDA, \triangle DAB$ 与 $\triangle ABC$ 的重心.

已知 G_C 在线段 DM 上, $MG_C = \frac{1}{3}MD$. 类似地, G_D 在线段 CM 上, $MG_D = \frac{1}{3}MC$. 从而在 $\triangle CMD$ 中, 线段 $G_C G_D \parallel CD$, $G_C G_D = \frac{1}{3}CD$ (图 1.1).

另一方面, 已知在 $\triangle ABD$ 中, 垂心 H_C, 重心 G_C 与外心 O 在同一直线(欧拉线见附录)上, 用这样方法得 $OG_C = \frac{1}{3}OH_C$. 用相同方法得出 $OG_D = \frac{1}{3}OH_D$. 由此得到在

△OH_CH_D 中,边 H_CH_D ∥ 直线 G_CG_D,且 H_CH_D = $3G_CG_D$.

把这 2 个结果结合起来,得出线段 CD ∥ H_CH_D,且有相等长度. 因此四边形 $ABCD$ 与四边形 $H_AH_BH_CH_D$ 的对应边平行且长度相等. 这就证明了本题的陈述.

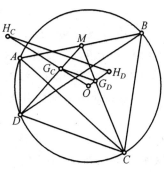

图 1.1

证 2 以不同方法利用欧拉线,可以得到其他几何证法. 例如,已知在任何 △ABC 中,中线 CM 与线段 OH 相交于重心 G,使 $OG = \frac{1}{3}OH$. 因为 CH 与 OM 都垂直于 AB,所以得出 △CGH ∽ △MGO,其相似比为 2∶1. 因此 CH ∥ OM,且 $CH = 2OM$,如图 1.2 所示.

把上述证法应用于内接同一圆的 △ABC 与 △ABD,得出线段 CH_D ∥ DH_C,且有相同长度. 因此四边形 CH_DH_CD 是平行四边形(图 1.3). 由此得出 CD ∥ H_CH_D,且有相同长度,与以前的证明一样,本题证明完毕.

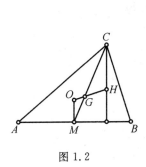

图 1.2

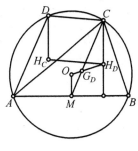

图 1.3

证 3 利用复数、向量或坐标,计算的解法也是可能的. 为简单起见,我们将利用复数. 设外心 O 是复平面内的原点,用 a,b,c,d 分别表示点 A,B,C,D 对应的复数. 因为 O 是在 △BCD,△CDA,△DAB,△ABC 中任意一个三角形的外心,所以对应于它们垂心的复数分别是 $h_A = b+c+d, h_B = a+c+d, h_C = a+b+d, h_D = a+b+c$.

注意到 $h_B - h_A = a - b$,于是向量 $\overrightarrow{H_AH_B}$ ∥ $\overrightarrow{AB}$,它们有相同长度与不同方向. 对四边形其他各边利用相同的论证,得到所要求的结论.

评述 我们从以上的解法容易得出四边形 $H_AH_BH_CH_D$ 的以下特点. 令 S 是对应于复数 $S = \frac{1}{2}(a+b+c+d)$ 的点,则

$$a+h_a=b+h_b=c+h_c=d+h_d=2s$$

这些等式说明，H_A,H_B,H_C,H_D 是点 A，B,C,D 关于点 S 的反射。这也证明本题的陈述（图 1.4）。点 S 称为四边形的马托特点，它也是从各边中点向对边所作各垂线间的交点。

1.3 求证：对于任一正整数 m，存在一个正整数 n，使得在数 5^m 与 5^n 的小数表示式中，5^n 的表示式结果成为 5^m 的表示式。

（保加利亚）

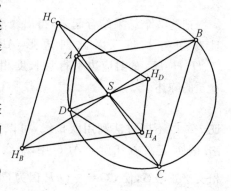

图 1.4

证 设

$$5^m = \overline{a_{k-1}a_{k-2}\cdots a_1 a_0}$$

即 5^m 有 k 个数字。我们求某正整数 n 使

$$5^n = \overline{a_l a_{l-1} \cdots a_k a_{k-1} \cdots a_1 a_0}$$

这等价于：$5^n \equiv 5^m \pmod{10^k}$。条件

$$10^k \mid 5^m(5^{n-m}-1)$$

要求 $k \leqslant m$。同时我们有

$$10^{k-1} < 5^m < 10^k$$

蕴涵

$$\frac{k-1}{m} < \lg 5 < \frac{k}{m} \leqslant 1$$

这些条件确定了 k（即 $k=[m\lg 5]+1$），我们来求 n，使

$$2^k \mid (5^{n-m}-1)$$

有求这些数 n 的几个方法。

第 1 个想法是利用欧拉定理：因为最大公因数 $(5,2^k)=1$，所以给出

$$5^{\varphi(2^k)} \equiv 1 \pmod{2^k}$$

因此令 $n=m+\varphi(2^k)$ 就得出所要求的结果。

第 2 个想法是用归纳法得出指数 n。实际上，以下陈述可以容易证明：对于任一 $s \geqslant 1$

$$5^{2^s} \equiv 1 \pmod{2^{s+1}}$$

显然这对 $s=1$ 是正确的，并且归纳法步骤从因式分解

$$5^{2^{s+1}}-1 = (5^{2^s}-1)(5^{2^s}+1)$$

推出。令 $n=m+2^{k-1}$ 就完成了证明。

1.4 令 a,b,c 是正实数。求方程组

$$\begin{cases} ax+by=(x-y)^2 \\ by+cz=(y-z)^2 \\ cz+ax=(z-x)^2 \end{cases}$$

的所有实数解 (x,y,z).

(罗马尼亚)

解 1 把各等式相加就得出
$$ax+by+cz=\frac{1}{2}[(x-y)^2+(y-z)^2+(z-x)^2]$$

利用这个等式与已知各方程,得出
$$\begin{cases} ax=(x-y)(x-z) \\ by=(y-z)(y-x) \\ cz=(z-x)(z-y) \end{cases} \tag{3}$$

这些等式分别乘以 $z-y, x-z, y-x$,得出
$$\begin{cases} ax(z-y)=(x-y)(y-z)(z-x) \\ by(x-z)=(x-y)(y-z)(z-x) \\ cz(y-x)=(x-y)(y-z)(z-x) \end{cases} \tag{4}$$

记 $P=(x-y)(y-z)(z-x)$,则从(4)推出
$$x(z-y)=\frac{P}{a}, y(x-z)=\frac{P}{b}, z(y-x)=\frac{P}{c}$$

把这些等式相加,得出
$$P\left(\frac{1}{a}+\frac{1}{b}+\frac{1}{c}\right)=0$$

因为 a,b,c 是正数,所以推出 $P=0$.因此数 x,y,z 中至少有 2 个数相等.例如,如果 $x=y$,那么从(3)推出 $x=y=0$ 与 $cz=z^2$,给出解 $(0,0,0)$ 与 $(0,0,c)$.类似地,得出解 $(a,0,0)$ 与 $(0,b,0)$.

解 2 设 $x\leqslant y\leqslant z$,则从(3)得出 $ax\geqslant 0, by\leqslant 0, cz\geqslant 0$.因为 a,b,c 是正数,所以推出 $0\leqslant x\leqslant y\leqslant 0$.因此 $x=y=0$ 与 $z=0$ 或 $z=c$.考虑到数 x,y,z 的其他可能的次序,就得出其他的解.

解 3 方程组(3)可以用强有力的方法来解:记 $u=x-z, v=y-z$,则(3)等价于
$$\begin{cases} az=u(u-v-a) \\ bz=v(v-u-b) \\ cz=uv \end{cases} \tag{5}$$

我们分析以下 4 种情形.

情形 1 $u=v=0$.则从(5)推出 $x=y=z=0$,得出解 $(0,0,0)$.

情形 2　$u=0, v\neq 0$. 立即推出 $x=z=0$, 并且 (5) 中第 2 个方程变为 $v-u-b=0$, 从而 $y=b$, 于是得出解 $(0,b,0)$.

情形 3　$u\neq 0, v=0$. 同前一情形得出解 $(a,0,0)$.

情形 4　$u\neq 0, v\neq 0$. 由 (5) 得出

$$\frac{a}{c}=\frac{u-v-a}{v}$$

与

$$\frac{b}{c}=\frac{v-u-b}{u}$$

这些等式可以化为一次方程组

$$\begin{cases} cu-(a+c)v=ac \\ (b+c)u-cv=-bc \end{cases}$$

对 u 与 v 解方程组, 得出 $u=v=-c$, 从而 $z=c$ 与 $x=y=0$.

因此我们得出最后的解 $(0,0,c)$.

第2届巴尔干数学奥林匹克

保加利亚,1985

第2届巴尔干高中学生数学奥林匹克于1985年5月6日至10日在保加利亚的索菲亚举行. 参加的国家是保加利亚、希腊与罗马尼亚.

2.1 在已知 $\triangle ABC$ 中, O 是它的外心, D 是边 AB 的中点, E 是 $\triangle ACD$ 的重心. 求证: 当且仅当 $AB = AC$ 时直线 $CD \perp OE$.

(保加利亚)

证 1 设 $AB = AC$, 则从 A 作出的高与中线 CD 相交于点 G, G 是 $\triangle ABC$ 的重心 (图 2.1).

点 G 在线段 CD 上, $\dfrac{GD}{GC} = \dfrac{1}{2}$. 类似地, 点 E 在 $\triangle ACD$ 的中线 CF 上, $\dfrac{EF}{EC} = \dfrac{1}{2}$. 由此得出直线 $AB \parallel GE$, 因为 O 在线段 AB 的垂直平分线上, 所以我们断定 $DO \perp GE$. 注意 $\dfrac{DF}{DB} = \dfrac{EF}{EC} = \dfrac{1}{2}$, 从而 $DE \parallel BC$. 点 O 也在线段 BC 的垂直平分线上, 因此 $GO \perp DE$. 于是得出 O 是 $\triangle GDE$ 的垂心. 显然, 这蕴含直线 $CD \perp OE$.

反之, 设 $OE \perp CD$, 则 OE 是 $\triangle GDE$ 的高. 同上述, $GE \parallel AB$, 从而垂直平分线 $OD \perp GE$. 由此推出 O 是 $\triangle GDE$ 的垂心, 因此, GO 垂直于 DE 与 BC.

注意, 在任意 $\triangle PQR$ 中, 从外心 O 向一边 (例如边 RQ) 所作的垂线是这一边的垂直平分线 (图 2.2). 但是, 如果垂直平分线 OK 包含重心 G 与垂心 H, 那么从顶点 P 作出的高与中线重合, 从而 $PQ = PR$.

把这个论证应用于 $\triangle ABC$, 给出所要求的结果, 即 $AB = AC$.

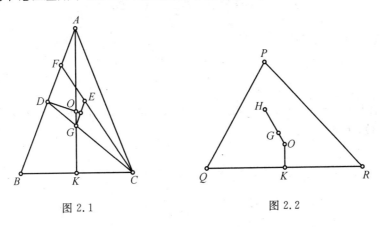

图 2.1   图 2.2

证 2 我们利用复数: 设外心 O 是复数平面的原点, $\triangle ABC$ 内接于单位圆. 令 a,

b,c,d,e 分别是对应于点 A,B,C,D,E 的复数,则
$$d = \frac{a+b}{2} \tag{1}$$
与
$$e = \frac{1}{3}\left(a+c+\frac{a+b}{2}\right) = \frac{3a+b+2c}{6} \tag{2}$$

当且仅当数
$$\frac{c-d}{e}$$

的实部等于 0,即等价于
$$\frac{c-d}{e} = \frac{\bar{c}-\bar{d}}{\bar{e}}$$

时,直线 $CD \perp OE$.

利用(1)与(2)给出等价条件
$$(2c-a-b)(3\bar{a}+\bar{b}+2\bar{c}) = (3a+b+2c)(\bar{a}+\bar{b}-2\bar{c}) \tag{3}$$

因为点 A,B 与 C 在单位圆上,所以有 $a\bar{a} = b\bar{b} = c\bar{c} = 1$,从而(3)化为
$$a\bar{c} + \bar{a}c = a\bar{b} + \bar{a}b$$

简单的计算证明,这等价于
$$|a-b|^2 = |a-c|^2$$

即 $AB = AC$.

2.2 令 $a,b,c,d \in \left[-\dfrac{\pi}{2}, \dfrac{\pi}{2}\right]$ 是实数,使
$$\sin a + \sin b + \sin c + \sin d = 1$$

与
$$\cos 2a + \cos 2b + \cos 2c + \cos 2d \geq \frac{10}{3}$$

求证:$a,b,c,d \in \left[0, \dfrac{\pi}{6}\right]$.

(罗马尼亚)

证 我们记 $\sin a = x, \sin b = y, \sin c = z, \sin d = u$,则 x,y,z,u 是包含在区间 $[-1,1]$ 中的实数,满足条件
$$x + y + z + u = 1$$

并且,利用公式 $\cos 2a = 1 - 2\sin^2 a = 1 - 2x^2$ 等,得出
$$x^2 + y^2 + z^2 + u^2 \leq \frac{1}{3}$$

因为正弦函数的值在 $\left[-\dfrac{\pi}{2}, \dfrac{\pi}{2}\right]$ 上为 $[-1,1]$,是递增的,$\sin 0 = 0, \sin \dfrac{\pi}{6} = \dfrac{1}{2}$,所以

只要证明数 x,y,z,u 在区间 $[0,\frac{1}{2}]$ 中即可.

算术平均数与二次平均数之间的不等式给出
$$\frac{x+y+z}{3} \leqslant \sqrt{\frac{x^3+y^3+z^3}{3}}$$

从而有
$$\frac{1}{3} \geqslant x^2+y^2+z^2+u^2 \geqslant \frac{(x+y+z)^2}{3}+u^2 = \frac{(1-u)^2}{3}+u^2$$

这等价于
$$2u^2-u \leqslant 0$$

即 $0 \leqslant u \leqslant \frac{1}{2}$. 显然相同的结论对 x,y,z 也成立.

2.3 令 S 是具有形式 $19a+85b$ 的正整数集合,其中 a,b 是任意正整数. 在实轴上, S 的各点被涂上红色,其余的整数被涂上绿色. 试求并证明:是否在实轴上存在一点 A,使关于点 A 对称且含有整数坐标的任 2 点一定有不同颜色.

(希腊)

解 大家知道,以下等式对任一对整数 (m,n) 成立
$$\{am+bn \mid a,b \in \mathbb{Z}\} = d\mathbb{Z}$$
其中 $d=$ 最大公因数 (m,n), $d\mathbb{Z} = \{ak \mid k \in \mathbb{Z}\}$. 在我们的情形中,有最大公因数 $(19,85)=1$,从而
$$\{19a+85b \mid a,b \in \mathbb{Z}\} = \mathbb{Z}$$
因为 a 与 b 是正整数,所以集合 S 只包含正整数. 并且,对于 a 与 b 的小值,正整数集合 $\mathbb{N}$, S 有一些间断. 例如, S 的最小元素是 $104=19+85$,其次是 $123=2\times19+85$,再次是 $142=3\times19+85$ 等. 因此 S 的元素是
$$104<123<142<161<180<189<208<\cdots$$
我们希望,对于大数, S 的密度将增加. 实际上,这是以下结果的推论:

引理 令 $m,n>1$ 是互质正整数,令
$$S = \{am+bn \mid a,b \in \mathbb{Z}, a \geqslant 1, b \geqslant 1\}$$
则 $mn \notin S$,且 S 包含满足条件 $N>mn$ 的所有整数 N.

证 对于第 1 个陈述,用反证法,令 $mn \in S, a,b>0$,使 $mn=am+bn$,显然 $a<n$ 与 $b<m$. 因为 $m(n-a)=bn$,最大公因数 $(m,n)=1$,所以得出 m 整除 b. 这与条件 $0<b<m$ 矛盾.

对于第 2 个陈述,令 $N>mn$ 是任一整数. 因为最大公因数 $(m,n)=1$,所以同余式
$$N \equiv mx \pmod{n}$$

有一解 $x=a$,其中 $0<a\leqslant n$. 但是 $N>mn\geqslant am$,因此对于某一正整数 b,$N-am=bn$. 引理得到了证明.

回到我们的问题,我们将证明,具有所要求性质的点 A 实际上存在. 我们来研究一般的情形,把 19 与 85 换为 2 个互质整数 $m,n>1$.

令 a 是点 A 的坐标. 注意点 A 是一线段的中点,这条线段的两个端点当且仅当 $x+y=2a$ 时有坐标 x 与 y.

因为 $mn\notin S$,所以使 $mn+x=2a$ 的整数 x 一定属于 S,因此 $x\geqslant m+n$. 我们导出条件
$$a\geqslant \frac{mn+m+n}{2}$$

使 $m+n+y=2a$ 的整数 y 不在 S 中,因为 $m+n\in S$,从而 $y\leqslant mn$,我们推出
$$a\geqslant \frac{mn+m+n}{2}$$

因此,如果这样的点 A 存在,那么它的坐标一定是
$$a=\frac{mn+m+n}{2}$$

我们现在来证明,这个点实际上满足所要求的条件. 令 $x<y$ 是两个整数,使
$$x+y=2a=mn+m+n$$

如果 $x=m+n$,那么 $y=mn$,我们有 $x\in s,y\notin s$.

如果 $x<m+n$,那么 $y>mn$. 显然根据引理 $x\notin s$(注意 $m+n$ 是 s 的最小元素),$y\in s$.

最后,设 $m+n<x<a<y<mn$. 我们可以证明,x 与 y 两者都不能属于 s. 实际上,对于一些正整数 a,b,a',b',设 $x=am+bn$ 与 $y=a'm+b'n$,于是等式 $x+y=mn+m+n$ 给出
$$(a+a'-1)m+(b+b'-1)n=mn$$

因为 $a+a'-1$ 与 $b+b'-1$ 是正整数,所以得出 $mn\in s$,矛盾.

为了完成证明,只要证明数 x 与 y 中至少有一个属于 s. 我们区分 2 种情形:

情形 1 数 x 不被 m 或 n 整除. 在这种情形中,同余式
$$x\equiv bn(\bmod m)$$
有一解 b,其中 $0<b<m$,从而对于某一 $a>0$,$x-bn=am$. 由此推出 $x=am+bn\in s$.

情形 2 数 x 被 m 或 n 整除. 例如对于某一正整数 a,设 $x=am$,则正如所要求的那样,有
$$y=mn+m+n-am=(n+a+1)m+n\in s$$

对于 $m=19,n=85$,所求的点 A 有坐标
$$a=\frac{19\times 85+19+85}{2}=\frac{1\,719}{2}$$

在所有的情形中,我们补充说,a 是一个非整数的有理数,因为 $mn+m+n$ 是奇整数.

2.4 今有 1 985 人参加一个国际会议.在每 3 个参加者组成的任一组中,至少有 2 人讲同一种语言.已知每个参加者至多讲 5 种语言.求证:至少有 200 个参加者讲同一种语言.

(罗马尼亚)

证 令 A 是会议的一个参加者,我们知道他最多讲 5 种语言.设其他每个参加者至少讲这些语言中的一种,则至少有 $\lfloor \frac{1\,984}{5} \rfloor + 1 = 397$ 个参加者讲同一种语言,我们解答完毕.否则,存在一个参加者 B 至多讲其他 5 种语言.这给出 A 与 B 一起讲的语言总数至多是 10 种,但是每个其他参加者至少讲这 10 种语言中之一,因为在任何 3 人一组中,至少有 2 人讲同一种语言.因此至少有 $\lfloor \frac{1\,983}{10} \rfloor + 1 = 199$ 个参加者与 A 或 B 讲一种共同语言,这就给出总共有 200 个参加者讲同一种语言.

第3届巴尔干数学奥林匹克

罗马尼亚,1986

第3届巴尔干高中学生数学奥林匹克于1986年5月1日至5日在罗马尼亚的布加勒斯特举行.参加的国家是保加利亚、希腊与罗马尼亚.

3.1 一条通过 $\triangle ABC$ 的内心的直线,和它的内切圆圆 I 相交于 D 与 E,和它的外接圆相交于 F 与 G,用这样的方法使点 D 在 I 与 F 之间.令 r 是 $\triangle ABC$ 的内径.求证
$$DF \cdot FG \geqslant r^2$$
等式什么时候成立?

(希腊)

解 如图 3.1,用 R 表示 $\triangle ABC$ 的外接圆半径.不难看出
$$DF \cdot EG = (IF-r)(IG-r) = IF \cdot IG - r(IF+IG) + r^2$$
因此当且仅当 $IF \cdot IG \geqslant r \cdot FG$ 时,$DF \cdot EG \geqslant r^2$.

把点幂定理应用于点 I,就给出
$$IF \cdot IG = R^2 - OI^2$$
另一方面,欧拉三角公式说明
$$R^2 - OI^2 = 2Rr$$
因此我们要证明
$$2Rr \geqslant rFG$$
或
$$2R \geqslant FG$$
这是显然的,因为 FG 是 $\triangle ABC$ 的外接圆上的弦.

当且仅当 $FG=2R$,即直线 FG 通过 I 与 O 时,上述等式成立.如果 $\triangle ABC$ 是等边的,那么任一直径满足条件,因为在这种情形中,I 与 O 重合.如果 $\triangle ABC$ 不是等边的,那么当且仅当直线 FG 与 OI 重合时,等式成立.

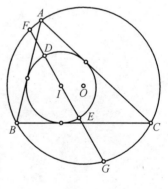

图 3.1

3.2 令 $ABCD$ 是四面体,点 E,F,G,H,K,L 分别在棱 AB,BC,CD,DA,DB,DC 上,用这样的方法使
$$AE \cdot BE = BF \cdot CF = CG \cdot AG = DH \cdot AH = DK \cdot BK = DL \cdot CL$$
求证:点 E,F,G,H,K,L 在同一球上.

(保加利亚)

证 令 S 是四面体的外接球,R 是它的半径,O 是它的球心.令 π 是由点 A,B,O 确定的一平面,π 与 S 的交线是一个半径为 R 的圆 C.我们把点幂定理应用在圆 C 内部的点 E.这给出
$$AE \cdot BE = R^2 - OE^2$$
用类似方法得
$$BF \cdot CF = R^2 - OF^2, CG \cdot AG = R^2 - OG^2$$
等.显然这蕴含
$$OE = OF = OG = OH = OK = OL$$
因此,点 E,F,G,H,K,L 在球心为 O 的球上.

3.3 令 a,b,c 是实数,使 $ab \neq 0, c > 0$,令 $\{a_n\}_{n \geq 1}$ 是用以下方式定义的实数数列:$a_1 = a, a_2 = b$ 及对于所有 $n \geq 2$
$$a_{n+1} = \frac{a_n^2 + c}{a_{n-1}}$$
求证:当且仅当数 a,b 与 $\dfrac{a^2 + b^2 + c}{ab}$ 是整数时,数列的所有的项是整数.

(保加利亚)

证 注意,对于所有的 $n \geq 1$,有 $a_n \neq 0$.对于所有的 $n \geq 2$,递推关系式可以写成
$$a_{n+1} a_{n-1} - a_n^2 = c$$
这蕴含
$$a_{n+1} a_{n-1} - a_n^2 = a_{n+2} a_n - a_{n+1}^2$$
因此对于所有的 $n \geq 2$
$$\frac{a_{n+2} + a_n}{a_{n+1}} = \frac{a_{n+1} + a_{n-1}}{a_n}$$
迭代上式就给出
$$\frac{a_{n+1} + a_{n-1}}{a_n} = \frac{a_n + a_{n-2}}{a_{n-1}} = \cdots = \frac{a_3 + a_1}{a_2}$$
我们就断定,对于所有的 $n \geq 2$,有
$$\frac{a_{n+1} + a_{n-1}}{a_n} = \frac{a^2 + b^2 + c}{ab} \tag{1}$$
如果记 $k = \dfrac{a^2 + b^2 + c}{ab}$,那么我们看出(1)可以写成
$$a_{n+1} = k a_n - a_{n-1} \tag{2}$$
其中所有的 $n \geq 2$.

设 a,b,k 是整数,则(2)蕴含当所有的 $n \geq 3$ 时,a_n 是整数.反之,对于所有的 $n \geq 1$,设 a_n 是整数,则 a 与 b 是整数,$k = \dfrac{a^2 + b^2 + c}{ab}$ 是有理数.令 $k = \dfrac{p}{q}$,其中 p 与

q 是互质整数.代入(2)就给出,对于所有的 $n \geq 2$,有
$$pa_n = q(a_{n+1} + a_{n-1}) \tag{3}$$
因为最大公因数 $(p,q)=1$,所以得出,对于所有的 $n \geq 2$,q 整除 a_n.从而对于 $n \geq 3$,q 整除 a_{n-1} 与 a_{n+1},因此利用(3)推出,q^2 整除 a_n.简单的归纳法论证证明了,对所有的 $n \geq m+1$,q^m 整除 a_n.但是,此时对于充分大的 n,等式
$$a_{n+1}a_{n-1} - a_n^2 = c$$
蕴含 q^m 整除 c.因为 m 是任一正整数,所以这只有当 $q=1$ 时才有可能,因此 $k = \dfrac{a^2+b^2+c}{ab}$ 也是整数.

评述 关系式(1)也可以用以下方法得出

$$\frac{a_{n+1}+a_{n-1}}{a_n} = \frac{a_{n+1}^2 + a_{n+1}a_{n-1}}{a_n a_{n+1}} = \frac{a_n^2 + a_{n+1}^2 + c}{a_n a_{n+1}} = \frac{a_n + \dfrac{\left(\dfrac{a_n^2+c}{a_{n-1}}\right)^2 + c}{\dfrac{a_n^2+c}{a_{n-1}}}}{a_n}$$

$$= \frac{a_{n-1}^2 + a_n^2 + c}{a_{n-1}a_n} = \cdots = \frac{a_1^2 + a_2^2 + c}{a_1 a_2} = \frac{a^2+b^2+c}{ab}$$

3.4 令 ABC 是三角形,P 是在它的平面内一点,使 $\triangle PAB$,$\triangle PBC$,$\triangle PCA$ 有相等面积与相等周长.求证:

a) 如果 P 在 $\triangle ABC$ 的内部,那么这个三角形是等边的;

b) 如果 P 在 $\triangle ABC$ 的外部,那么这个三角形是直角三角形.

(罗马尼亚)

证 如图 3.2,我们首先考虑 P 在 $\triangle ABC$ 内部的情形.设直线 PA,PB,PC 分别与边 BC,CA,AB 相交于 A',B',C'.我们有

$$\frac{A'B}{A'C} = \frac{[ABA']}{[ACA']} = \frac{[PBA']}{[PCA']} = \frac{[ABA'] - [PBA']}{[ACA'] - [PCA']} = \frac{[PAB]}{[PAC]}$$

于是,如果 $[PAB]=[PAC]$,那么 $A'B=A'C$,且 P 在中线 AA' 上.我们断定,因为 $\triangle PAB$,$\triangle PBC$,$\triangle PCA$ 有相等面积,所以 P 是 $\triangle ABC$ 的重心.

我们用证明以下结果来得出要求的最后结论.

引理 令 G 是 $\triangle ABC$ 的重心.当且仅当 $\triangle ABC$ 是等边三角形时,$\triangle GAB$,$\triangle GBC$,$\triangle GBA$ 才有相等周长.

证 如果 $\triangle ABC$ 是等边的,那么这个引理显然成立.

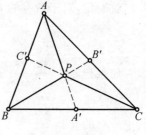

图 3.2

反之,设 $\triangle GAB$,$\triangle GBC$,$\triangle GBA$ 有相等周长,用反证法,设 $AB < AC$,则点 A

与 G 在线段 BC 的垂直平分线确定的半平面内,其中 BC 包含点 B(图 3.3). 这蕴含 $GB < GC$. 由此得出.
$$AB + GB + GA < AC + GC + GA$$
于是 $\triangle GAB$ 与 GAC 的周长不相等,这是一个矛盾. 这就证明了这个引理与本题的第一部分.

其次,设点 P 在 $\triangle ABC$ 的外部. 不难看出,点 P 一定在区域 Ⅰ,Ⅱ 或 Ⅲ 之一的内部(图 3.4),否则 $\triangle PAB$,$\triangle PBC$,$\triangle PCA$ 的面积不能相等.

设 P 在区域 Ⅰ 内部. 因为 $[PAB]=[PCB]$,所以点 A 与点 C 到 PB 的距离相等,因此 $AC \parallel PB$. 类似地,$BC \parallel PA$,从而四边形 $PACB$ 是平行四边形. 因为 $\triangle PAB$,$\triangle PBC$,$\triangle PCA$ 有相等周长,所以推出 $PC = AB$,从而四边形 $PACB$ 是矩形. 因此 $\angle C = 90°$,要求的结论得到了证明.

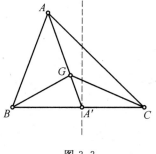
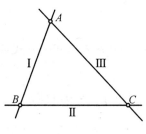

图 3.3 图 3.4

第4届巴尔干数学奥林匹克

希腊,1987

第4届巴尔干高中学生数学奥林匹克于1987年5月3日至8日在希腊的雅典举行. 参加国家增加到5个:保加利亚、塞浦路斯、希腊、罗马尼亚与南斯拉夫.

4.1 令 a 是实数,$f:\mathbb{R} \to \mathbb{R}$ 是具有以下性质的函数:$f(0)=\dfrac{1}{2}$,且对于所有实数 x 与 y,有
$$f(x+y) = f(x)f(a-y) + f(y)f(a-x)$$
求证:f 是常值函数.

(南斯拉夫)

证1 把 $x=y=0$ 代入已知关系式,得出
$$f(0) = 2f(0)f(a)$$
从而 $f(a) = \dfrac{1}{2}$. 对于 $y=0$,我们得出
$$f(x) = f(x)f(a) + f(0)f(a-x)$$
这蕴含,对于所有实数 x,有
$$f(x) = f(a-x)$$
把 $y=a-x$ 代入已知关系式,得出
$$f(a) = f^2(x) + f^2(a-x)$$
从而对于所有实数 x,有
$$f^2(x) = \dfrac{1}{4}$$
把已知关系式的 x 与 y 换为 $\dfrac{x}{2}$ 得出
$$f(x) = 2f\left(\dfrac{x}{2}\right)f\left(a-\dfrac{x}{2}\right) = 2f^2\left(\dfrac{x}{2}\right) = 2 \times \dfrac{1}{4} = \dfrac{1}{2}$$
因此 f 是常值函数.

证2 同前,对于所有实数 x,得出
$$f(a) = \dfrac{1}{2} \quad \text{与} \quad f(x) = f(a-x)$$
从而对于所有的 x 与 y,已知关系式变为
$$f(x+y) = 2f(x)f(y)$$
把 y 换为 $a-y$,给出

$$f(x+a-y)=2f(x)f(a-y)=2f(x)f(y)$$

因此
$$f(x+y)=f(x+a-y)$$

最后把 x 与 y 换为 $\frac{x}{2}$，我们得出，对于所有的实数 x，有

$$f(x)=f(a)=\frac{1}{2}$$

证毕．

4.2 求大于 1 的所有实数 x,y，满足条件：数 $\sqrt{x-1}+\sqrt{y-1}$ 与 $\sqrt{x+1}+\sqrt{y+1}$ 是不相邻整数．

（罗马尼亚）

解 令 $A=\sqrt{x-1}+\sqrt{y-1}$ 与 $B=\sqrt{x+1}+\sqrt{y+1}$．则
$$B-A=\sqrt{x+1}-\sqrt{x-1}+\sqrt{y+1}-\sqrt{y-1}$$
$$=\frac{2}{\sqrt{x+1}+\sqrt{x-1}}+\frac{2}{\sqrt{y+1}+\sqrt{y-1}}$$

因为 $x,y>1$，所以有 $\sqrt{x+1}+\sqrt{x-1}>\sqrt{2}$ 与 $\sqrt{y+1}+\sqrt{y-1}>\sqrt{2}$，由此推出 $B-A<2\sqrt{2}<3$，因为 A 与 B 是不相邻整数，所以我们断定 $B-A=2$．

不失一般性，设 $x\leqslant y$，则等式
$$\frac{2}{\sqrt{x+1}+\sqrt{x-1}}+\frac{2}{\sqrt{y+1}+\sqrt{y-1}}=2$$

蕴含 $x\leqslant\frac{5}{4}\leqslant y$．实际上，注意 $\sqrt{\frac{5}{4}+1}+\sqrt{\frac{5}{4}-1}=2$，从而 x 与 y 两者不能都大于或都小于 $\frac{5}{4}$．此外，因为 $x\geqslant 1$，所以我们有

$$\frac{2}{\sqrt{x+1}+\sqrt{x-1}}\leqslant\frac{2}{\sqrt{2}}$$

从而
$$2-\frac{2}{\sqrt{y+1}+\sqrt{y-1}}\leqslant\sqrt{2}$$

后者等价于
$$\sqrt{y+1}+\sqrt{y-1}\leqslant 2+\sqrt{2}$$

因此 $y\leqslant 3$．从而有
$$A=\sqrt{x-1}+\sqrt{y-1}\geqslant\frac{1}{2}$$

与

$$B = \sqrt{x+1} + \sqrt{y+1} \leqslant \frac{3}{2} + 2$$

因此 $A=1, B=3$.

如果记 $a = \sqrt{x-1} + \sqrt{x+1}$ 与 $b = \sqrt{y-1} + \sqrt{y+1}$，我们得出
$$a + b = 4$$
$$\frac{1}{a} + \frac{1}{b} = 1$$

因此 a 与 b 是方程 $t^2 - 4t + 4 = 0$ 的根. 这蕴含 $a = b = 2$, 最后 $x = y = \frac{5}{4}$.

4.3 在 $\triangle ABC$ 中以下等式成立
$$\sin^{23}\frac{A}{2} \cos^{48}\frac{B}{2} = \sin^{23}\frac{B}{2} \cos^{48}\frac{A}{2}$$

求 $\dfrac{AC}{BC}$ 的值.

（塞浦路斯）

解 我们要求 $\dfrac{AC}{BC} = 1$, 即 $\triangle ABC$ 是等腰的. 用反证法, 设 $AC > BC$, 则 $A < B$, 因此
$$0 < \frac{A}{2} < \frac{B}{2} < \frac{\pi}{2}$$

因为函数 $f(x) = \sin x$ 在区间 $\left(0, \dfrac{\pi}{2}\right)$ 上递增, 所以有
$$0 < \sin\frac{A}{2} < \sin\frac{B}{2}$$

从而
$$0 < \sin^{23}\frac{A}{2} < \sin^{23}\frac{B}{2}$$

函数 $g(x) = \cos x$ 在同一区间上递减, 因此
$$0 < \cos\frac{B}{2} < \cos\frac{A}{2}$$

从而
$$0 < \cos^{48}\frac{B}{2} < \cos^{48}\frac{A}{2}$$

把这些不等式相乘就得出
$$\sin^{23}\frac{A}{2} \cos^{48}\frac{B}{2} < \sin^{23}\frac{B}{2} \cos^{48}\frac{A}{2}$$

这与假设矛盾.

如果设 $AC < BC$, 那么用类似方法, 又得出矛盾. 所以 $\dfrac{AC}{BC} = 1$.

4.4 分别有圆心为 O_1 与 O_2,半径为 1 与 $\sqrt{2}$ 的圆 O_1 与圆 O_2 相交于 A 与 B. 令 C 是圆 O_2 上的点,使 AC 的中点在圆 O_1 上. 如果 $O_1O_2 = 2$,求线段 AC 的长.

(保加利亚)

解 1 令 M 是线段 AC 的中点,N 是圆 O_1 上的点,使 AN 是直径. 不难看出,M 在一圆上,此圆是圆 O_2 通过中心 A 与比 $\frac{1}{2}$ 的位似变换所得的像(图 4.1).

显然 $\angle AMN = \angle AMO_2 = 90°$,从而点 O_2, M, N 共线,AM 是 $\triangle AO_2N$ 的高. 在同一个三角形中,O_2O_1 是中线. 由此得出

$$O_1O_2^2 = \frac{2(AO_2^2 + NO_2^2) - AN^2}{4}$$

但是 $O_1O_2 = 2, AO_2 = \sqrt{2}, AN = 2$. 把这些值代入以上等式,给出 $NO_2 = 2\sqrt{2}$.

我们将求线段 AM 的长,它用 2 种方法表示 $\triangle ANO_2$ 的面积. 我们有

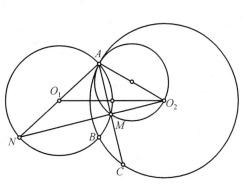

图 4.1

$$[ANO_2] = \frac{1}{2} AM \cdot NO_2 = \sqrt{2} AM$$

另一方面,由海伦公式给出

$$[ANO_2] = \frac{\sqrt{7}}{2}$$

我们推出 $AM = \frac{\sqrt{14}}{4}$,因此 $AC = \frac{\sqrt{14}}{2}$.

评述 常常把海伦公式写成以下形式是有用的

$$16[ABC]^2 = 2(a^2b^2 + b^2c^2 + c^2a^2) - a^4 - b^4 - c^4$$

其中 a, b, c 表示 $\triangle ABC$ 的边长.

解 2 利用坐标. 令圆 O_1 是单位圆,O_1O_2 在 Ox 轴上(图 4.2). 用 (x_p, y_p) 表示任一点 p 的坐标. 我们有 $O_1A = 1, O_2A = \sqrt{2}$,从而点 A 的坐标满足方程组

$$\begin{cases} x_A^2 + y_A^2 = 1 \\ (x_A - 2)^2 + y_A^2 = 2 \end{cases}$$

对 x_A 与 y_A 解此方程组,得 $x_A = \frac{3}{4}, y_A = \frac{\sqrt{7}}{4}$(我们设 $y_A > 0$,即点 A 在 Ox 轴上方,如图 4.2 所示).

因为 M 是 AC 的中点,所以有
$$x_M = \frac{x_A + x_C}{2}, y_M = \frac{y_A + y_C}{2}$$
从而
$$x_C = 2x_M - \frac{3}{4}, y_C = 2y_M - \frac{\sqrt{7}}{4}$$
但是 $O_2C = \sqrt{2}$,因此
$$(x_C - 2)^2 + y_C^2 = 2$$
由此推出
$$\left(2x_M - \frac{11}{4}\right)^2 + \left(2y_M - \frac{\sqrt{7}}{4}\right)^2 = 2$$
因为 M 在圆 O_1 上,所以得出方程组
$$\begin{cases} x_M^2 + y_M^2 = 1 \\ \left(2x_M - \frac{11}{4}\right)^2 + \left(2y_M - \frac{\sqrt{7}}{4}\right)^2 = 2 \end{cases}$$

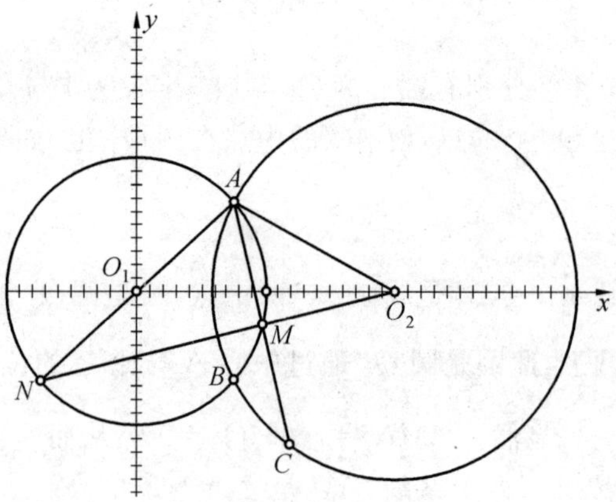

图 4.2

它的解是 $\left(\frac{3}{4}, \frac{\sqrt{7}}{4}\right)$ (A 的坐标) 与 $\left(\frac{31}{32}, -\frac{3\sqrt{7}}{32}\right)$.

最后我们得出 $x_C = \frac{19}{16}, y_C = -\frac{7}{16}\sqrt{7}$,因此
$$AC = \sqrt{\left(\frac{3}{4} - \frac{19}{16}\right)^2 + \left(\frac{\sqrt{7}}{4} + \frac{7\sqrt{7}}{16}\right)^2} = \frac{\sqrt{14}}{2}$$

第5届巴尔干数学奥林匹克

塞浦路斯,1988

第5届巴尔干高中学生数学奥林匹克于1988年5月1日至7日在塞浦路斯的尼科西亚举行.参加的国家仍然是5个:保加利亚、塞浦路斯、罗马尼亚、希腊与南斯拉夫.

5.1 令 ABC 是一个三角形,M,N,P 是直线 BC 上的点,使 AM,AN,AP 分别是这个三角形的高、角平分线、中线.已知
$$\frac{[AMP]}{[ABC]}=\frac{1}{4}, \frac{[ANP]}{[ABC]}=1-\frac{\sqrt{3}}{2}$$
求 $\triangle ABC$ 各内角.

(保加利亚)

解 不难看出,$\triangle ABC$ 不是等腰的.设 $AB<AC$,则 M 在半直线 CPB 上.因为 P 是线段 BC 的中点,所以我们有
$$\frac{[APB]}{[ABC]}=\frac{1}{2}$$
从而
$$\frac{[AMP]}{[APB]}=\frac{1}{2}$$
这就证明了 M 在线段 BP 的内部,且是它的中点(图 5.1).由此推出 $\triangle APB$ 是等腰三角形,且 $AB=AP$.另一方面,我们有
$$\frac{[ANP]}{[ABC]}=\frac{NP}{BC}$$
三角形内角平分线定理给出
$$\frac{NP}{MN}=\frac{AP}{AM}=\frac{AB}{AM}=\frac{1}{\sin B}$$
于是
$$\frac{NP}{BC}=\frac{NP}{4MP}=\frac{NP}{4(NP+MN)}=\frac{1}{4(1+\sin B)}$$
等式
$$\frac{1}{4(1+\sin B)}=1-\frac{\sqrt{3}}{2}$$
推出
$$\sin B=\frac{\sqrt{3}}{2}$$

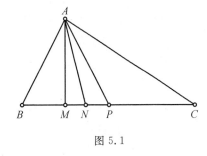

图 5.1

从而 $B = 60°$. 我们导出 $\triangle ABP$ 是等边三角形,由此得出 $AP = PC$. 于是 $\angle APB$($\triangle APC$ 的外角)是 $\angle C$ 的 2 倍.

最后得出 $C = 30°, A = 90°$.

5.2 求所有的二元多项式 $P(x, y)$,使它满足:对所有实数 a, b, c, d,有
$$P(a, b)P(c, d) = P(ac + bd, ad + bc)$$

(南斯拉夫)

解 1 来自假设的关系式给出,对于所有的实数 x,有
$$P(x, 0)P(x, 0) = P(x^2, 0)$$
于是对于所有实数(从而也对于所有复数)x,多项式 $Q(x) = P(x^2)$ 满足
$$Q^2(x) = Q(x^2) \tag{1}$$
如果 Q 是常数多项式,那么由此容易推出 $Q = 0$ 或 $Q = 1$. 如果 Q 不是常数多项式,那么我们要求:对于某一正整数 n,有
$$Q(x) = x^n$$
实际上,条件(1)蕴含,如果 α 是 Q 的根,那么具有性质 $\beta^2 = \alpha$ 的 β 也是 Q 的根. 设 α 是 Q 的非零(复数)根,则可以对某一 r 与 $\theta \in [0, 2\pi]$,写出
$$\alpha = r(\cos\theta + i\sin\theta)$$
利用棣莫弗公式,我们推导出数
$$r^{\frac{1}{2}}(\cos\frac{\theta}{2} + i\sin\frac{\theta}{2}), r^{\frac{1}{4}}(\cos\frac{\theta}{4} + i\sin\frac{\theta}{4}), \cdots$$
也是 Q 的根,这是不可能的,因为 Q 不可能有无限多个不同的根,由此得出 Q 的所有根都等于 0. 再利用(1),容易看出,Q 的首项系数等于 1,即对于某一整数 n,$Q(x) = x^n$.

如果 $Q(x) = 0$,那么对于所有的 x 与 y,
$$P(x, y) = P(1, 0)P(x, y) = Q(1)P(x, y) = 0$$
如果对某一 $n \geq 0$,$Q(x) = x^n$,那以注意到
$$P(tx, ty) = P(t, 0)P(x, y) = t^n P(x, y)$$
从而 P 是 n 次齐次多项式,即
$$P(x, y) = a_0 x^n + a_1 x^{n-1} y + a_2 x^{n-2} y^2 + \cdots + a_{n-1} x y^{n-1} + a_n y^n$$
令
$$f(x) = a_0 x^n + a_1 x^{n-1} + a_2 x^{n-2} + \cdots + a_{n-1} x + a_n$$
则对于所有的 x, y 且 $y \neq 0$
$$P(x, y) = y^n f\left(\frac{x}{y}\right)$$

假设得出

$$b^n f\left(\frac{a}{b}\right) d^n f\left(\frac{c}{d}\right) = (ad+bc)^n f\left(\frac{ac+bd}{ad+bc}\right) = b^n d^n \left(\frac{a}{b} + \frac{c}{d}\right)^n f\left[\frac{\frac{a}{b} \cdot \frac{c}{d} + 1}{\frac{a}{b} + \frac{c}{d}}\right]$$

或对于 x, y 且 $x + y \neq 0$

$$f(x)f(y) = (x+y)^n f\left(\frac{xy+1}{x+y}\right) \tag{2}$$

我们要求 f 只有可能的根是 -1 与 1. 实际上,设 $y_0 \neq \pm 1$ 是根,令 $z_0 \neq y_0$ 是任意数. 设

$$x_0 = \frac{y_0 z_0 - 1}{y_0 - z_0}$$

上式给出

$$0 = f(x_0)f(y_0) = (x_0 + y_0)^n f(z_0)$$

我们不能有 $x_0 + y_0 = 0$,因为这将导出

$$\frac{y_0 z_0 - 1}{y_0 - z_0} + y_0 = \frac{y_0^2 - 1}{y_0 - z_0} = 0$$

这不可能. 由此得出 $f(x_0) = 0$,因此 f 有无限多个根,矛盾.

最后对某一整数 $k, 0 \leqslant k \leqslant n$,我们推出 $f(x) = a(x-1)^k(x+1)^{n-k}$. 把此式代入(2),给出 $a = 1$,其次给出

$$P(x,y) = y^n f\left(\frac{x}{y}\right) = (x-y)^k (x+y)^{n-k}$$

解 2 把多项式 Q 定义为

$$Q(x,y) = P\left(\frac{x+y}{2}, \frac{x-y}{2}\right)$$

不难看出,P 可以用 Q 表示,如下

$$P(x,y) = Q(x+y, x-y)$$

我们要求 Q 满足条件:对于所有的实数 x, y, z, t

$$Q(x,y)Q(z,t) = Q(xz, yt) \tag{3}$$

实际上,因为

$$P(a,b)P(c,d) = P(ac+bd, ad+bc)$$

所以我们有

$$Q(a+b, a-b)Q(c+d, c-d) = Q(ac+bd+ad+bc, ac+bd-ad-bc)$$
$$= Q((a+b)(c+d), (a-b)(c-d))$$

因此,记 $x = a+b, y = a-b, z = c+d, t = c-d$,我们得出(3). 显然,因为 a, b, c, d 是任意实数,所以 x, y, z, t 也可以取任意实数.

多项式

$$Q_1(x) = Q(x,1), Q_2(x) = Q(1,x)$$

满足:对于所有实数
$$Q_1(xy)=Q_1(x)Q_1(y)$$
$$Q_2(xy)=Q_2(x)Q_2(y)$$

与
$$Q(x,y)=Q_1(x)Q_2(y)$$

利用以前解答中所显示出的方法,我们导出 $Q_1(x)=0$ 或 $Q_2(x)=0$ 或对某些整数 k, $l \geqslant 0$
$$Q_1(x)=x^k, Q_2(x)=x^l$$

由此得出 $Q(x,y)=0$,从而 $P(x,y)=0$,或者
$$Q(x,y)=x^k x^l$$

所以
$$P(x,y)=(x+y)^k(x-y)^l$$

5.3 令 $ABCD$ 是四面体,d 是它的各棱长的平方和. 求证:这个四面体可以包含在以两个平行平面为界限的区域中,并且两平面之间的距离至多是 $\dfrac{\sqrt{d}}{2\sqrt{3}}$.

(希腊)

证 令 M,N,P,Q,R,S 分别是棱 AB,BC,CD,DA,AC, BD 的中点(图 5.2). 在 $\triangle ABD$ 中,$MQ \parallel BD$,$MQ=\dfrac{1}{2}BD$.

类似地,$PN \parallel BD$,$PN=\dfrac{1}{2}BD$. 我们得出四边形 $MNPQ$ 是平行四边形,进而得出

$$MP^2+NQ^2=2(MQ^2+MN^2)=\dfrac{1}{2}(BD^2+AC^2)$$

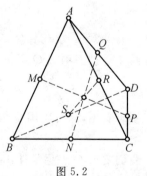

图 5.2

实际上,余弦定理给出
$$MP^2=MQ^2+PQ^2-2MQ\cdot PQ \cdot \cos\angle MQP$$
$$NQ^2=MQ^2+MN^2-2MQ\cdot MN \cdot \cos\angle QMN$$

因为 $PQ=MN$ 与 $\cos\angle MQP=-\cos\angle QMN$,所以我们的要求由以上等式相加得出.

类似地,我们得出
$$MP^2+RS^2=\dfrac{1}{2}(AD^2+BC^2)$$

与
$$NQ^2+RS^2=\dfrac{1}{2}(AB^2+CD^2)$$

由此得出
$$MP^2 + NQ^2 + RS^2 = \frac{1}{4}d \qquad (4)$$
平行平面包含棱 AB 与 CD. 显然,这两个平面之间的距离小于或等于 MP,四面体 $ABCD$ 包含在以这两个平面为界限的区域中.

评述 还有得出等式(4)的另一个方法. $\triangle MCD$ 中由中线定理给出
$$4MP^2 = 2(MC^2 + MD^2) - CD^2$$
线段 MC 与 MD 是 $\triangle ABC$ 与 $\triangle ABD$ 中的中线,从而
$$4MC^2 = 2(BC^2 + AC^2) - AB^2$$
与
$$4MD^2 = 2(BD^2 + AD^2) - AB^2$$
我们得出
$$4MP^2 = BC^2 + AC^2 + BD^2 + AD^2 - AB^2 - CD^2$$
这个结果是用两个类似等式加到上述等式而得出的.

5.4 令 $\{a_n\}_{n \geq 1}$ 是用 $a_n = 2^n + 49$ 定义的数列. 求这样的 n 的所有值,使 $a_n = pq$, $a_{n+1} = rs$,其中 p,q,r,s 是质数,并且 $p < q, r < s$ 与 $q - p = s - r$.

(罗马尼亚)

解 1 注意 $\{a_n\}_{n \geq 1}$ 是严格递增数列,并且对于所有的 n,有
$$a_{n+1} = 2a_n - 49$$
设 $a_n = pq, a_{n+1} = rs$,其中 p,q,r,s 是质数,使 $q - p = s - r = d > 0$. 于是
$$a_n = p(p+d) < r(r+d) = a_{n+1}$$
从而 $p < r$. 注意 $p > 2$,因为数列的所有项都是奇数. 由于
$$2^n \equiv (-1)^n \pmod 3$$
我们导出
$$a_n \equiv 1 + (-1)^n \pmod 3$$
从而数列任意 2 个相邻项中的一项可被 3 整除,由此推出 $p = 3$. 显然有 $a_{n+1} < 2a_n$,因此
$$r(r+d) < 6(3+d)$$
因为 $r > 3$,所以这蕴含 $r < 6$,因此 $r = 5$. 我们得出
$$a_n = 3(3+d), a_{n+1} = 5(5+d)$$
代入递推关系式就得出
$$5(5+d) = 6(3+d) - 49$$
因此 $d = 56$.

最后求出要求的项是 $a_7 = 3 \times 59, a_8 = 5 \times 61$.

解 2 同前,注意,当且仅当 n 是奇数时 a_n 可被 3 整除,并且数列中没有一项可被 2 整除. 因此,如果 a_n 与 a_{n+1} 满足所要求的条件,那么 $a_n = 3a, a_{n+1} = (3+k)(a+k)$, 其中 a 是大于 3 的质数,$3+k$ 与 $a+k$ 也是质数. 因为 $a_{n+1} = 2a_n - 49$, 所以得出
$$(3+k)(a+k) = 6a - 49$$
或
$$k^2 + k(a+3) + 49 - 3a = 0$$
如果把这个等式看作关于 k 的二次方程,那么它的判别式一定是一个完全平方数,因为 k 是整数. 因此存在一个正数 t,使
$$(a+3)^2 - 4(49 - 3a) = a^2 + 18a - 187 = t^2$$
这等价于
$$(a+9)^2 - t^2 = 268$$
或
$$(a+9-t)(a+9+t) = 2^2 \times 67$$
因为 a 是奇质数,所以 $a+9$ 一定是偶数,因此 $a+9-t$ 与 $a+9+t$ 都是偶数. 唯一的可能性是 $a+9-t = 2$ 与 $a+9+t = 2 \times 67 = 134$. 由此得出 $a = 59$, 最后 $n = 7$.

第6届巴尔干数学奥林匹克

南斯拉夫,1989

第6届巴尔干高中学生数学奥林匹克于1989年5月1日至7日在南斯拉夫的斯普利特举行.参加的国家仍然是5个:保加利亚、塞浦路斯、希腊、罗马尼亚与南斯拉夫.

6.1 令 n 是正整数,$d_1,d_2,\cdots,d_k$ 是它的因数,使
$$1=d_1<d_2<\cdots<d_k=n$$
求满足 $k\geqslant 1$ 与
$$n=d_1^2+d_2^2+d_3^2+d_4^2$$
的所有 n 的值.

(保加利亚)

解 不难看出,n 不能是奇整数.实际上,如果 n 是奇数,那么它的所有因数也是奇数.但是4个奇数之和是偶数,矛盾.因此 n 是偶数,从而 $d_2=2$.并且,因为 $d_3^2+d_4^2=n-3$,所以我们推出数 d_3 与 d_4 中一个数是偶数,另一个数是奇数.

如果 d_3 是偶数,那么对于某一 $d>1$,$d_3=2d$.但是此时 d 也是 n 的因数,这蕴含 $d=d_2=2$,$d_3=4$.从而得出
$$n=21+d_4^2$$
以致 d_4 是24的因数,大于4.唯一的选择是 $d_4=7$,但是这蕴含 $n=70$,在这种情形中 $d_3=5$,矛盾.

如果 d_4 是偶数,那么 $d_4=2d$,其中 d 又是 n 的因数.如果 $d=d_2=2$,那么 $d_4=4$,因此 $d_3=3$,这给出 $n=30$,它不能被4整除.由此得出 $d=d_3$,我们得到
$$n=5+d_3^2+4d_3^2=5(1+d_3^2)$$
但是 d_3 整除 n,且与 $1+d_3^2$ 互质,因此 $d_3=5$,$n=1^2+2^2+5^2+10^2=130$.因为 $130=2\times 5\times 13$,所以它的最小4个因数确实是1,2,5,10.

6.2 令
$$\overline{a_na_{n-1}\cdots a_1a_0}=a_n10^n+a_{n-1}10^{n-1}+\cdots+a_110+a_0$$
是一个正质数的小数表示式,使 $n>1$ 与 $a_n>1$.求证:多项式
$$P(x)=a_nx^n+a_{n-1}x^{n-1}+\cdots+a_1x+a_0$$
不能写成2个非常数整多项式的乘积.

(南斯拉夫)

证 1 我们将利用以下结果.

引理 如果 α 是以下多项式的复数根
$$P(x) = a_n x^n + \cdots + a_1 x + a_0$$
那么以下不等式成立
$$|\alpha| \leq 1 + \max_{0 \leq k \leq n} \left| \frac{a_k}{a_n} \right|$$

证明 如果 $|\alpha| \leq 1$,那么一切是显然的. 设 $|\alpha| > 1$,因为 $P(\alpha) = 0$,所以我们有
$$a_n \alpha^n = -(a_{n-1} \alpha^{n-1} + \cdots + a_1 \alpha + a_0)$$
因此
$$|\alpha|^n = \left| \frac{a_{n-1}}{a_n} \alpha^{n-1} + \cdots + \frac{a_1}{a_n} \alpha + \frac{a_0}{a_n} \right|$$
$$\leq \left| \frac{a_{n-1}}{a_n} \right| |\alpha|^{n-1} + \cdots + \left| \frac{a_1}{a_n} \right| |\alpha| + \left| \frac{a_0}{a_n} \right|$$

令 $M = \max_{0 \leq k \leq n} \left| \frac{a_k}{a_n} \right|$. 于是以上不等式蕴含
$$|\alpha|^n \leq M(|\alpha|^{n-1} + \cdots + |\alpha| + 1) = M \frac{|\alpha|^n - 1}{|\alpha| - 1}$$
这容易给出
$$|\alpha|^n (|\alpha| - 1 - M) \leq -M$$
因为 $M \geq 0$,所以由此推出 $|\alpha| \leq 1 + M$,引理得到了证明.

回到我们的问题,注意 $a_n \geq 2$,且对于所有的 $k, 0 \leq k \leq n-1$,有 $a_k \leq 9$. 我们推出
$$\max_{0 \leq k \leq n} \left| \frac{a_k}{a_n} \right| \leq \frac{9}{2}$$
因此,如果 α 是 P 的根,那么 $|\alpha| \leq 1 + \frac{9}{2} = \frac{11}{2}$.

现在用反证法,设 $P(x) = Q(x)R(x)$,其中 Q 与 R 是非常数的整系数多项式. 因为
$$P(10) = \overline{a_n a_{n-1} \cdots a_1 a_0} = Q(10) R(10)$$
是质数,所以由此推出,数 $|Q(10)|$ 与 $|R(10)|$ 之一等于 1. 设 $|Q(10)| = 1$,令 $x_1, x_2, \cdots, x_k$ 是 Q 的根,则对于某一整数 a 有
$$Q(x) = a(x - x_1)(x - x_2) \cdots (x - x_k)$$
其次有
$$1 = |a| |10 - x_1| |10 - x_2| \cdots |10 - x_k| \tag{1}$$
但是 $x_1, x_2, \cdots, x_k$ 也是 P 的根,因此对于所有的 $i, 1 \leq i \leq k$,有
$$|10 - x_i| \geq 10 - |x_i| \geq 10 - \frac{11}{2} = \frac{9}{2}$$

这证明了等式(1) 不能成立.

证 2 我们抛弃条件 $a_n > 1$,来证明一个较强的结果. 为此利用另一个引理.

引理 如果 α 是以下多项式的复数根
$$P(x) = a_n x^n + \cdots + a_1 x + a_0$$
其中 $\dfrac{a_{n-1}}{a_n} \geqslant 0$,则以下不等式成立
$$\operatorname{Re} \alpha < \frac{1 + \sqrt{1 + 4M}}{2}$$
其中 $M = \max\limits_{0 \leqslant k \leqslant n} \left| \dfrac{a_k}{a_n} \right|$.

证明 设 α 是 P 的根,使 $\operatorname{Re} \alpha \geqslant \dfrac{1 + \sqrt{1 + 4M}}{2}$. 则我们也有
$$|\alpha| \geqslant \operatorname{Re} \alpha \geqslant \frac{1 + \sqrt{1 + 4M}}{2}$$
因为 $P(\alpha) = 0$,所以可以写出
$$a_n \alpha^n + a_{n-1} \alpha^{n-1} = -(a_{n-2} \alpha^{n-2} + \cdots + a_1 \alpha + a_0)$$
这蕴含
$$\alpha + \frac{a_{n-1}}{a_n} = -\left(\frac{a_{n-2}}{a_n} \cdot \frac{1}{\alpha} + \frac{a_{n-3}}{a_n} \cdot \frac{1}{\alpha^2} + \cdots + \frac{a_0}{a_n} \cdot \frac{1}{\alpha^{n-1}} \right)$$
我们得出
$$\left| \alpha + \frac{a_{n-1}}{a_n} \right| \leqslant M \left(\frac{1}{|\alpha|} + \frac{1}{|\alpha|^2} + \cdots + \frac{1}{|\alpha|^{n-1}} \right) < \frac{M}{|\alpha| - 1} \leqslant \frac{2M}{\sqrt{1 + 4M} - 1}$$
另一方面
$$\left| \alpha + \frac{a_{n-1}}{a_n} \right| \geqslant \operatorname{Re}\left(\alpha + \frac{a_{n-1}}{a_n} \right) = \operatorname{Re} \alpha + \frac{a_{n-1}}{a_n} \geqslant \operatorname{Re} \alpha \geqslant \frac{1 + \sqrt{1 + 4M}}{2}$$
我们推出
$$\frac{1 + \sqrt{1 + 4M}}{2} < \frac{2M}{\sqrt{1 + 4M} - 1}$$
或
$$4M < 4M$$
矛盾. 引理得到了证明.

回到我们的问题,我们注意,如果 α 是一复数,使 $\operatorname{Re} \alpha < \dfrac{19}{2}$,那么
$$|10 - \alpha| > |9 - \alpha|$$
实际上,记 $\alpha = x + yi$,其中 $x, y \in \mathbb{R}$,则以上不等式等价于
$$(10 - x)^2 + y^2 > (9 - x)^2 + y^2$$

或
$$x < \frac{19}{2}$$
这正是以上所说的.

同前,用反证法,设 $P(x)=Q(x)R(x)$,其中 Q 与 R 是非常数的整系数多项式. 由此得出数 $|Q(10)|$ 与 $|R(10)|$ 之一等于 1. 设 $|Q(10)|=1$,令 $x_1, x_2, \cdots, x_k$ 是 Q 的根,则对于某一整数 a,有
$$Q(x) = a(x-x_1)(x-x_2)\cdots(x-x_k)$$
其次有
$$1 = |a| |10-x_1| |10-x_2| \cdots |10-x_k|$$
但是 $x_1, x_2, \cdots, x_k$ 也是 P 的根,因此由引理有
$$\mathrm{Re}\, x_i < \frac{1+\sqrt{37}}{2} < \frac{19}{2}$$
从而对于所有的 i, $1 \leqslant i \leqslant k$,有
$$|10-x_i| > |9-x_i|$$
我们推出
$$1 = |a| |10-x_1| \cdots |10-x_k| > |a| |9-x_1| \cdots |9-x_k| = |Q(9)|$$
显然 $P(9)=Q(9)R(9)$ 是正整数,因此 $|Q(9)| \geqslant 1$,矛盾.

6.3 令 G 是 $\triangle ABC$ 的重心,d 是一条分别与边 AB, AC 相交于 B_1, C_1 的直线,使点 A 与 G 不被 d 分开. 试问
$$[BB_1GC_1] + [CC_1GB_1] \geqslant \frac{4}{9}[ABC]$$
中等号什么时候成立?

(希腊)

解 1 令 D 是 BC 的中点,设 AD 与 B_1C_1 相交于点 M(图 6.1).
记
$$\frac{AC_1}{AC} = \alpha, \frac{AB_1}{AB} = \beta$$
我们要求
$$\frac{AM}{AD} = \frac{2\alpha\beta}{\alpha+\beta}$$
实际上,令 $\frac{AM}{AD} = \gamma$. 则有
$$\overrightarrow{MC_1} = \overrightarrow{AC_1} - \overrightarrow{AM} = \alpha \overrightarrow{AC} - \gamma \overrightarrow{AD} = \left(\alpha - \frac{\gamma}{2}\right)\overrightarrow{AC} - \frac{\gamma}{2}\overrightarrow{AB}$$

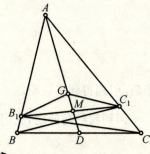

图 6.1

类似地
$$\overrightarrow{MB_1} = -\frac{\gamma}{2}\overrightarrow{AC} + \left(\beta - \frac{\gamma}{2}\right)\overrightarrow{AB}$$

$\overrightarrow{MB_1}$ 与 $\overrightarrow{MC_1}$ 共线，从而有

$$\frac{\alpha - \frac{\gamma}{2}}{-\frac{\gamma}{2}} = \frac{-\frac{\gamma}{2}}{\beta - \frac{\gamma}{2}}$$

这容易给出

$$\gamma = \frac{2\alpha\beta}{\alpha + \beta}$$

现在因为点 A 与 G 不被直线 B_1C_1 分开，从而

$$\frac{AM}{AD} \geqslant \frac{AG}{AD} = \frac{2}{3}$$

因此

$$\frac{2\alpha\beta}{\alpha + \beta} \geqslant \frac{2}{3} \tag{2}$$

注意到

$$[BB_1GC_1] = [ABC_1] - [AGC_1] - [AGB_1]$$

我们有

$$\frac{[ABC_1]}{[ABC]} = \frac{AC_1}{AC} = \alpha$$

$$\frac{[AGC_1]}{[ABC]} = \frac{[AGC_1]}{2[ADC]} = \frac{AG \cdot AC_1}{2AD \cdot AC} = \frac{\alpha}{3}$$

与

$$\frac{[AGB_1]}{[ABC]} = \frac{[AGB_1]}{2[ADB]} = \frac{AG \cdot AB_1}{2AD \cdot AB} = \frac{\beta}{3}$$

从而

$$[BB_1GC_1] = \frac{2\alpha - \beta}{3}[ABC]$$

类似地

$$[CC_1GB_1] = \frac{2\beta - \alpha}{3}[ABC]$$

于是所要求的不等式变成

$$\frac{\alpha + \beta}{3} \geqslant \frac{4}{9}$$

这容易证明. 注意(2) 蕴含

$$\alpha\beta \geqslant \frac{\alpha + \beta}{3}$$

于是

$$(\alpha+\beta)^2 \geqslant 4\alpha\beta \geqslant \frac{4}{3}(\alpha+\beta)$$

显然

$$\frac{\alpha+\beta}{3} \geqslant \frac{4}{9}$$

当 $\alpha=\beta$ 且 $\frac{2\alpha\beta}{\alpha+\beta}=\frac{2}{3}$ 时,即当 $\alpha=\beta=\frac{2}{3}$ 时,以上等式成立. 当 $B_1C_1 \parallel BC$ 且通过 G 时,以上等式成立.

解 2 首先注意到

$$[BB_1GC_1]+[CC_1GB_1]=2[B_1GC_1]+[BB_1C_1]+[CC_1B_1]$$

把点 B,C,D 分别投影到直线 B_1C_1 上的点 B',C',D',我们有

$$BB'+CC'=2DD'$$

因为 DD' 是梯形 $BCC'B'$ 的中位线(图 6.2). 因此

$$[BB_1C_1]+[CC_1B_1]=2[DB_1C_1]$$

这样,我们来证明

$$2[DB_1GC_1] \geqslant \frac{4}{9}[ABC]$$

通过点 G 作 B_1C_1 的平行线,和边 AB,AC 分别相交于点 B_2,C_2(图 6.3). 于是

$$[DB_1GC_1] \geqslant [DB_2C_2]$$

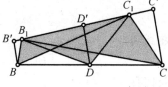

图 6.2

因为点 B_2 与 C_2 分别比 B_1 与 C_1 更接近 AD,所以 $[DB_1G] \geqslant [DB_2G]$ 与 $[DC_1G] \geqslant [DC_2G]$.

因为 $AG=2GD$,所以我们有

$$[AB_2C_2]=2[DB_2C_2]$$

从而只要证明下式即可

$$[AB_2C_2] \geqslant \frac{4}{9}[ABC]$$

通过点 G 作 BC 的平行线,与边 AB,AC 分别相交于点 B_3,C_3. 不难看出

$$[AB_2C_2] \geqslant [AB_3C_3]$$

实际上,如果 B_2 在 B 与 B_3 之间(图 6.4),那么

$$[AB_2C_2]-[AB_3C_3]=[TB_2B_3] \geqslant 0$$

但是,如果 B_2 在 B_3 与 A 之间(图 6.5),那么

$$[AB_2C_2]-[AB_3C_3]=[SC_2C_3] \geqslant 0$$

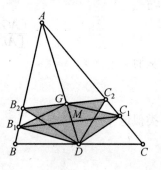

图 6.3

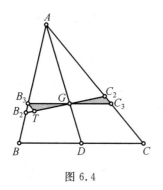
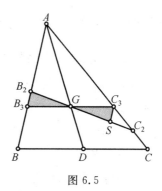

图 6.4   图 6.5

因为
$$[AB_3C_3] = \frac{4}{9}[ABC]$$
所以证明完成.

6.4 集合 F 的元素是 $\{1,2,\cdots,n\}$ 的一些子集,满足条件:

i) 如果 A 属于 F,那么 A 有 3 个元素;

ii) 如果 A 与 B 是 F 的不同子集,那么 A 与 B 至多有 1 个共同元素.

令 $f(n)$ 是 F 的最大可能的元素个数. 求证
$$\frac{n^2-4n}{6} \leqslant f(n) \leqslant \frac{n^2-n}{6}$$

(罗马尼亚)

证 我们作一集合 F_0,它至少有 $\frac{n^2-4n}{6}$ 个元素. 这将证明不等式
$$f(n) \geqslant \frac{n^2-4n}{6}$$

令 F_1 是 $\{1,2,\cdots,n\}$ 的不同元素的所有三元数组 (a,b,c) 组成的集合,使
$$a+b+c = n$$
或
$$a+b+c = 2n$$

令 F_0 是所有子集 $\{a,b,c\}$ 组成的集合,其中 $(a,b,c) \in F_1$. 显然 $|F_1| = 6|F_0|$,从而只要证明 $|F_1| \geqslant n^2-4n$ 即可. 现在我们用计算具有所要求性质的三元数组 (a,b,c) 被选择的个数,来估计 F_1 的元素个数.

数 a 可以有 n 个方法选择. 乍一看,b 可以有 $n-1$ 个方法选择(回忆一下,我们一定有 $b \neq a$),其次 c 是唯一确定的,即当 $a+b < n$ 时 $c = n-a-b$,或者在其他情形下 $c = 2n-a-b$. 但是因为 $c \neq b$,所以一定有 $b \neq \frac{n-a}{2}$ 与 $b \neq 2n-2a$(只有当 $a \geqslant$

$\frac{n}{2}$ 时,第 2 个限制才适用). 类似地,因为 $c \neq a$,所以强加上限制 $b \neq n - \frac{a}{2}$ 与 $b \neq n - 2a$(只有当 $a < \frac{n}{2}$ 时,第 2 个限制才适用). 我们断定 b 至少可以有 $n-4$ 个方法选择,因此 F_1 至少有 $n(n-4)$ 个元素.

最后注意到,如果 $\{a,b,c\}$ 与 $\{a',b',c'\}$ 是 F_0 的不同元素,那么它们至多有一个共同元素. 实际上,如果 $a=a'$ 与 $b=b'$,那么 $c=c-c'=\pm n$,这不可能,因为 c 与 c' 两者都属于集合 $\{1,2,\cdots,n\}$.

对于第 2 个不等式,注意,集合 $\{1,2,\cdots,n\}$ 包含 $\binom{n}{2} = \frac{n(n-1)}{2}$ 个子集,每个子集有 2 个元素. F 的每个元素恰好包含于 3 个这样的子集,F 中没有 2 个元素包含于相同的子集(因为 F 中任意 2 个元素至多有 1 个共同元素). 这证明了

$$f(n) \leqslant \frac{n(n-1)}{6}$$

第7届巴尔干数学奥林匹克

保加利亚,1990

第7届巴尔干高中学生数学奥林匹克于1990年5月6日至11日在保加利亚的索菲亚举行.参加国家增加到6个:阿尔巴尼亚、保加利亚、塞浦路斯、希腊、罗马尼亚亚与南斯拉夫.

7.1 数列$\{a_n\}_{n\geq 1}$定义为$a_1=1,a_2=3$并且对于所有正整数n
$$a_{n+2}=(n+3)a_{n+1}-(n+2)a_n$$
当a_n可被11整除时,求n的所有值.

(希腊)

解 令b_n是a_n被11除时的余数.简单的计算证明了$b_1=1,b_2=3,b_3=9,b_4=0$, $b_5=1,b_6=7,b_7=5,b_8=0,b_9=1,b_{10}=0,b_{11}=0$.这就证明$a_{10}$与$a_{11}$可被11整除,从递推关系式推出,对于所有的$n\geq 10,a_n$可被11整除.因此对于所有的$n\geq 10$,所要求的项是$a_4,a_8$与$a_n$.

评述 我们可以得出a_n的通项公式.记$c_n=a_{n+1}-a_n$,有$c_{n+1}=(n+2)c_n$,因为$c_1=2$,所以由归纳法推出$c_n=(n+1)!$.我们对于所有的$n\geq 1$,推导出
$$a_n=1!+2!+\cdots+n!$$

7.2 多项式$P(x)$定义为
$$P(x)=(x+2x^2+\cdots+nx^n)^2=a_0+a_1x+\cdots+a_{2n}x^{2n}$$
求证
$$a_{n+1}+a_{n+2}+\cdots+a_{2n}=\frac{n(n+1)(5n^2+5n+2)}{24}$$

(保加利亚)

证1 我们有
$$P(x)=(x+2x^2+\cdots+nx^n)(x+2x^2+\cdots+nx^n)$$
从而得出
$$a_{n+1}=1\cdot n+2\cdot(n-1)+3\cdot(n-2)+\cdots+(n-1)\cdot 2+n\cdot 1$$
$$a_{n+2}=2\cdot n+3\cdot(n-1)+4\cdot(n-2)+\cdots+n\cdot 2$$
$$\vdots$$
$$a_{2n-1}=(n-1)\cdot n+n\cdot(n-1)$$

$$a_{2n} = n^2$$

因此,要求的和等于

$$\sum_{k=1}^{n}\sum_{i=0}^{n-k}(k+i)(n-i) = \sum_{k=1}^{n}\sum_{i=0}^{n-k}(kn+i(n-k)-i^2)$$

$$= \sum_{k=1}^{n}(n-k+1)\left[kn + \frac{(n-k)^2}{2} - \frac{(n-k)(2n-2k+1)}{6}\right]$$

$$= -\frac{1}{6}\sum_{k=1}^{n}k^3 - \frac{n}{2}\sum_{k=1}^{n}k^2 + \frac{3n^2+6n+1}{6}\sum_{k=1}^{n}k + \frac{n^2(n^2-1)}{6}$$

$$= \frac{n(n+1)(5n^2+5n+2)}{24}$$

证2 注意对于 $1 \leqslant k \leqslant n$

$$a_0 + a_1 + \cdots + a_{2n} = P(1) = \frac{n^2(n+1)^2}{4}$$

我们有

$$a_k = 1 \cdot (k-1) + 2 \cdot (k-2) + \cdots + (k-1) \cdot 1 = \frac{1}{6}(k^3 - k)$$

从而

$$a_0 + a_1 + \cdots + a_n = \frac{1}{6}\sum_{k=1}^{n}k^3 - \frac{1}{6}\sum_{k=1}^{n}k = \frac{1}{24}n(n+1)(n^2+n-2)$$

最后,和 $a_{n+1} + \cdots + a_{2n}$ 等于

$$\frac{n^2(n+1)^2}{4} - \frac{1}{24}n(n+1)(n^2+n-2) = \frac{n(n+1)(5n^2+5n+2)}{24}$$

7.3 令 $\triangle ABC$ 是锐角三角形,A_1, B_1, C_1 是它三条高的足. $\triangle A_1B_1C_1$ 的内切圆与 $\triangle ABC$ 的三边相切于点 A_2, B_2, C_2. 求证:$\triangle ABC$ 与 $\triangle A_2B_2C_2$ 的欧拉线重合.

(南斯拉夫)

证 令 H 是 $\triangle ABC$ 的垂心. 我们要求 H 也是 $\triangle A_1B_1C_1$ 的内心. 注意 $\angle HA_1B = \angle HC_1B = 90°$, 从而四边形 HA_1BC_1 是循环的(即圆内接四边形). 结果是 $\angle HBC_1 = \angle HA_1C_1$(图 7.1).

用类似方法得出 $\angle HCB_1 = \angle HA_1B_1$. 但是四边形 BCB_1C_1 也是循环的(注意 $\angle BB_1C = \angle CC_1B$), 从而 $\angle C_1BB_1 = \angle C_1CB_1$. 我们推出 $\angle HA_1C_1 = \angle HA_1B_1$, 即 HA_1 是 $\angle B_1A_1C_1$ 的角平分线. 我们断定 H 是 $\triangle A_1B_1C_1$ 的内心, 因此是 $\triangle A_2B_2C_2$ 的外心(图 7.2).

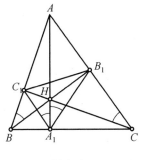 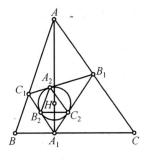

图 7.1　　　　　　　图 7.2

不难看出 $A_1B_2 = A_1C_2$，于是 $A_1H \perp B_2C_2$. 因为 $A_1H \perp BC$，所以由此得出 $BC \parallel B_2C_2$. 我们断定 $\triangle ABC$ 与 $\triangle A_2B_2C_2$ 有平行的边，从而 $\triangle A_2B_2C_2$ 是 $\triangle ABC$ 通过适当的位似变换所得出的像. 由此推出，两个三角形的欧拉线不是平行就是重合. 因为三角形的欧拉线通过它的外心与垂心，所以我们看出 H 在两条欧拉线上，因此它们重合.

7.4　求有限集合 A 的最小元素个数，使得存在具有以下性质的函数 $f:\{1,2,3,\cdots\} \to A$，如果 i 与 j 是正整数，$i-j$ 是质数，那么 $f(i)$ 与 $f(j)$ 是 A 的不同元素.

（罗马尼亚）

解　注意 $f(1), f(3), f(6), f(8)$ 一定是不同的，因为数 $1, 3, 6, 8$ 之间两两之差是质数，由此推出 A 至少有 4 个元素.

现在令 $A = \{0, 1, 2, 3\}$，f 定义如下：$f(n)$ 是 n 被 4 除时的余数. 如果 $f(i) = f(j)$，那么 $i-j$ 可被 4 整除. 于是，如果 $i-j$ 是质数，那么 $f(i) \neq f(j)$. 我们断定所求的元素个数是 4.

第8届巴尔干数学奥林匹克

罗马尼亚,1991

第8届巴尔干高中学生数学奥林匹克于1991年5月13日至16日在罗马尼亚的康斯坦察举行.参加国家仍然是6个:阿尔巴尼亚、保加利亚、塞浦路斯、希腊、罗马尼亚与南斯拉夫.

8.1 令$\triangle ABC$是内接于圆心为O的圆内锐角三角形. 令M是这个三角形外接圆的劣弧AB上的点. 从M向射线OA所作的垂线分别与边AB,AC相交于点K,L. 类似地,从M向射线OB所作的垂线分别与边AB,BC相交于点N,P. 设$KL = MN$. 用$\triangle ABC$的角求$\angle MLP$的大小.

(希腊)

解 因为$\angle AOB = 2\angle ACB$,所以由此推出
$$\angle OAB = \angle OBA = 90° - \angle C$$
直线$KL \perp AO$,因此
$$\angle AKL = 90° - \angle OAB = \angle C$$
类似地,$\angle BNP = \angle C$. 注意$\angle AKL = \angle MKN$与$\angle BNP = \angle MNK$. 我们推出
$$\angle MKN = \angle MNK = \angle C$$
从而$\triangle MNK$是等腰的(图8.1).

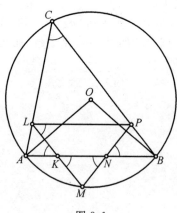

图8.1

这蕴含
$$MK = MN \tag{1}$$
$\triangle AKL$与$\triangle ACB$共有一个公共角,且$\angle AKL = \angle ACB$,因此它们相似. 这得出

$$\frac{AK}{KL} = \frac{AC}{BC} \tag{2}$$

用相同方法得出 $\triangle PBN \backsim \triangle ABC$,因此

$$\frac{NP}{NB} = \frac{AC}{BC} \tag{3}$$

令 $\angle MAB = \alpha, \angle MBA = \beta$. 则 $\alpha + \beta = \angle C$, 我们有

$$\angle AMK = 180° - \alpha - (180° - \angle C) = \angle C - \alpha = \beta$$

类似地得出

$$\angle BMN = 180° - \beta - (180° - \angle C) = \angle C - \beta = \alpha$$

因此也有 $\triangle AKM \backsim \triangle MNB$. 从而

$$\frac{AK}{KM} = \frac{MN}{NB} \tag{4}$$

利用等式(1)—(4),我们依次有

$$\frac{MN}{NP} = \frac{MK \cdot BC}{AC \cdot NB} = \frac{BC \cdot AK}{AC \cdot MN} = \frac{LK}{MN}$$

由假设有 $KL = MN$, 从而 $MN = NP$. 同样, 式(1)给出 $KL = MK$, 以致 KN 是 $\triangle MLP$ 的中线. 因此 $KN \parallel LP$, 且

$$\angle MLP = \angle MKN = \angle ACB$$

8.2 求证:存在无限多个不全等三角形满足以下条件:
  i) 边长是互质整数;
  ii) 面积是整数;
  iii) 高的长不是整数.

(南斯拉夫)

证 1 令 S 表示边长为 a,b,c 的三角形面积,p 表示三角形的半周长. 由海伦公式有

$$S = \sqrt{p(p-a)(p-b)(p-c)}$$

又注意

$$(p-a) + (p-b) + (p-c) = p$$

我们从恒等式

$$n^4 + 4n^2 + 4 = (n^2 + 2)^2$$

开始,并令 $p-a = n^4, p-b = 4n^2, p-c = 4$ 来规定三角形 T_n. 于是 $p = (n^2+2)^2$ 与 $S = 4n^3(n^2+2)$ 满足条件 ii).

T_n 的边长是 $a = 4n^2 + 4 = 4(n^2+1), b = n^4 + 4, c = n^4 + 4n^2 = n^2(n^2+4)$. 容易检验 $a+b>c, b+c>a, a+c>b$, 因此存在一个边长为 a,b,c 的三角形.

我们要求, 如果 n 是奇整数, 那么最大公因数 $(a,c) = 1$. 实际上, 令 d 是整除 a 与 c 的质数. 因为 c 是奇数, 所以 $d > 2$, 于是 d 整除 $n^2 + 1$ 与 $n^2 + 4$, 从而 $d = 3$. 由此推

出 $n^2 \equiv -1 \pmod{3}$,这是矛盾的. 从而对于奇整数 n,最大公因数 $(a,b,c)=1$,三角形 T_n 满足条件 i).

T_n 的高由以下公式给出:如果 n 是奇数,$n>1$,那么以上有理数可用分数表示,这些分数只要除以 2 就可以被化简. 因此条件 iii) 也满足.

证 2 其他不同的三角形集合 $(T_n)_n$ 可以看作本题的解. 例如
$$a=(n+1)^4, b=n^2[(n+1)^2+1], c=n^2+(n+1)^2$$
其中 $n \geqslant 5$ 是一个奇整数.

另一个例子可以取
$$a=4n^2+1, b=4n^4+1, c=4n^2(n^2+1)$$
得出,它们可以作为证 1 中考虑的恒等式
$$(2n^2+1)^2=4n^4+4n^2+1$$
对于高,我们得出公式
$$h_a=\frac{8n^3(n^2+1)}{4n^2+1}, h_b=\frac{8n^3(2n^2+1)}{4n^4+1}, h_c=\frac{2n(2n^2+1)}{n^2+1}$$

8.3 面积为 H 的正六边形内接于面积为 P 的凸多边形. 求证:$P \leqslant \frac{3}{2}H$,并求等式什么时候成立?

(保加利亚)

解 1 令 $A_1A_2A_3A_4A_5A_6$ 是正六边形,O 是它的中心. 首先注意,我们可以把这个凸六边形内接在一个较大的六边形 $C_1C_2C_3C_4C_5C_6$ 中. 实际上,如果 X 是凸多边形边界上的点,那么至少存在一条通过 X 的直线 l_x,使这个多边形包含在这条直线所确定的 2 个半平面之一中. 通过点 $A_1,\cdots,A_6$ 作这样的直线 $l_1,l_2,\cdots,l_6$,这样就确定了六边形 $C_1C_2\cdots C_6$(图 8.2). 只要证明这个新六边形的面积不大于 $\frac{3}{2}H$ 即可.

令 B_1 是直线 A_1A_6 与 A_2A_3 的交点,B_2 是直线 A_1A_2 与 A_3A_4 的交点,用同样的方法确定点 B_3,B_4,B_5,B_6. 我们可以看出,六边形 $A_1A_2\cdots A_6$ 作为 2 个等边三角形 $\triangle B_1B_3B_5$ 与 $\triangle B_2B_4B_6$ 的交点出现(图 8.3).

我们用 S 表示小的等边 $\triangle OA_1A_2$ 的面积,则 $[A_1B_1A_2]=S, H=6S$.

令 $P_1,P_2,\cdots,P_6$ 是凸六边形 $C_1C_2\cdots C_6$ 的一部分,这个凸六边形在正六边形的外部,且分别以边 $A_1A_2,A_2A_3,\cdots,A_6A_1$ 为界限. 只要证明
$$P_1+P_2+\cdots+P_6 \leqslant \frac{1}{2}H=3S$$
即可. 为此我们将证明 $P_1+P_2 \leqslant S$. 把类似的不等式相加,将给出要求的结果.

注意,因为多边形是凸的,所以 C_1 与 C_2 一定在 $\triangle A_1B_1A_2$ 与 $\triangle A_2B_2A_3$ 的内部或

边上.

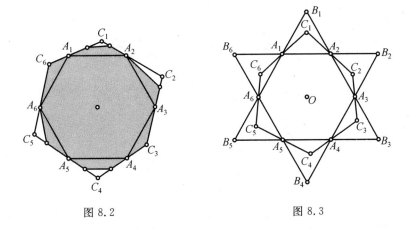

图 8.2　　　　　　　图 8.3

具有中心 A_2 的中心对称把 A_1 变为 B_2，把 C_1 变为射线 A_2C_2 上的点 D(图 8.4). 因此，$\triangle A_2C_2A_3$ 与 $\triangle A_2DB_2$ 不相交，它们的面积之和不大于 $\triangle A_2B_2A_3$ 的面积. 因为 $\triangle A_2DB_2$ 是 $\triangle A_2C_1A_1$ 通过对称得出的像，所以我们得出 $P_1+P_2 \leqslant S$，这正好是所要求的结果.

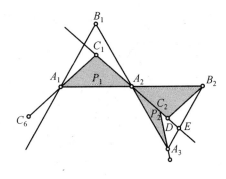

图 8.4

如果等式成立，那么一定有 $[B_2DE]=0$(点 E 是 C_1C_2 与 A_3B_2 的交点). 不难看出，这种情况当 C_1 在 A_1B 上，C_2 在 A_2A_3 上时发生，或者当 C_1 在 A_1A_2 上，C_2 在 B_2A_3 上时发生. 把这个结果推广到其他顶点，我们就推导出，当这个凸多边形与 $\triangle B_1B_3B_5$ 或 $\triangle B_2B_4B_6$ 重合时，等式成立.

解 2　我们利用以下结果.

引理　三角形的一边长等于 l，它的邻角是 α 与 β. 如果三角形的面积是 S，那么
$$S \leqslant \frac{l^2}{8}(\tan\alpha + \tan\beta)$$

证　用 l_α 与 l_β 表示三角形其他 2 边的长. 正弦定理给出

$$\frac{l_\alpha}{\sin \alpha} = \frac{l_\beta}{\sin \beta} = \frac{l}{\sin(180° - \alpha - \beta)} = \frac{l}{\sin(\alpha + \beta)}$$

利用这个等式,有

$$S = \frac{1}{2} l_\alpha l_\beta \sin(\alpha + \beta) = \frac{1}{2} l^2 \frac{\sin \alpha \sin \beta}{\sin(\alpha + \beta)}$$

但是

$$\sin(\alpha + \beta) = \sin \alpha \cos \beta + \sin \beta \cos \alpha$$

从而

$$S = \frac{l^2}{2} \cdot \frac{1}{\cot \alpha + \cot \beta}$$

我们来证明

$$\frac{1}{\cot \alpha + \cot \beta} \leqslant \frac{1}{4}(\tan \alpha + \tan \beta)$$

但是,这是调和平均数 — 算术平均数不等式的简单情形.

回到我们的问题,在每个 $\triangle A_i C_i A_{i+1}$ 中,记 $\angle A_{i+1} C_i A_i = \alpha_i$(此处与解法的其余地方,$A_7 = A_1$,$\alpha_7 = \alpha_1$,等等)(图 8.5).不失一般性,可以设六边形 $A_1 A_2 \cdots A_6$ 的边长等于 1,从而 $S = \frac{\sqrt{3}}{4}$.利用引理,我们对于所有的 i,有

$$p_i = [A_i C_i A_{i+1}] \leqslant \frac{1}{8}[\tan \alpha_i + \tan(60° - \alpha_{i+1})]$$

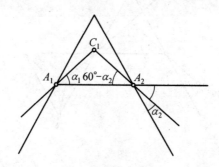

图 8.5

因此

$$\sum_{i=1}^{6} p_i \leqslant \frac{1}{8} \sum_{i=1}^{6} (\tan \alpha_i + \tan(60° - \alpha_{i+1}))$$

对于所有的 i,当 $\alpha_i = 60° - \alpha_{i+1}$ 时,等式成立.重新排列各项,我们得出

$$\sum_{i=1}^{6} p_i \leqslant \frac{1}{8} \sum_{i=1}^{6} (\tan \alpha_i + \tan(60° - \alpha_i)) \tag{1}$$

注意,如果 x 满足 $0° \leqslant x \leqslant 60°$,那么

$$\tan x + \tan(60° - x) \leqslant \tan 60° \tag{2}$$

实际上,我们有

$$\tan(60° - x) = \frac{\tan 60° - \tan x}{1 + \tan 60° \tan x} \leqslant \tan 60° - \tan x$$

此外,当 $x = 0°$ 或 $60°$ 时,等式成立.

利用(1)与(2)我们推出

$$\sum_{i=1}^{6} p_i \leqslant \frac{1}{8} \cdot 6\tan 60° = \frac{3\sqrt{3}}{4} = 3S$$

正如我们在以前的解法中所看到的,这蕴含 $P \leqslant \frac{3}{2}H$.

如果 $P = \frac{3}{2}H$,那么在所有不等式中,等式都成立. 这表示,对于所有的 $i, \alpha_i = 60° - \alpha_{i+1}$,并且对于每个 $i, \alpha_i = 0°$ 或 $60°$. 我们得出 $\alpha_1 = \alpha_3 = \alpha_5 = 60°, \alpha_2 = \alpha_4 = \alpha_6 = 0°$ 或者 $\alpha_1 = \alpha_3 = \alpha_5 = 0°, \alpha_2 = \alpha_4 = \alpha_6 = 60°$,即凸六边形等于 $\triangle B_1 B_3 B_5$ 或 $\triangle B_2 B_4 B_6$.

8.4 求证:不存在双射函数 $f: \{1, 2, 3, \cdots\} \to \{1, 2, 3, \cdots\}$,使得对于所有正整数 m 与 n,有

$$f(mn) = f(m) + f(n) + 3f(m)f(n)$$

证 设这样的函数存在. 在已知关系式中取 $m = n = 1$,有

$$f(1) = 2f(1) + 3f^2(1)$$

从而 $f(1) = 0$. 因此对于所有的 $n \geqslant 2$,有 $f(n) \geqslant 1$. 注意,如果 a 是一个合数,那么对于一些 $m, n \geqslant 2$,有 $a = mn$. 但是这时

$$f(a) = f(mn) = f(m) + f(n) + 3f(m)f(n) \geqslant 1 + 1 + 3 = 5$$

因为对于每个数 $k \geqslant 1, f$ 是一个映射函数,所以存在这样的 n_k,使 $f(n_k) = k$. 我们有 $f(n_1) = 1 < 5, f(n_3) = 3 < 5$,从而 n_1 与 n_3 是质数. 此外

$$f(n_3^2) = 3 + 3 + 3 \times 3 \times 3 = 33$$
$$f(n_1 n_8) = 1 + 8 + 3 \times 1 \times 8 = 33$$

但是 f 是一对一的,所以 $n_3^2 = n_1 n_8$,矛盾,因为 n_1 与 n_3 是不同的质数.

我们断定没有一个这样的函数存在.

评述 学习过高等代数的读者请注意,在本质上,本题说明,乘法幺半群 N^* 与 $3N + 1$ 是不同构的. 实际上,令 $\varphi: N \to 3N + 1, \varphi(n) = 3n + 1$,注意复合函数 $g: N^* \to 3N + 1, g = \varphi \circ f$ 满足

$$g(mn) = 3f(mn) + 1 = 3[f(m) + f(n) + 3f(m)f(n)] + 1$$
$$= [3f(m) + 1][3f(n) + 1] = g(m)g(n)$$

此外,g 是双射函数. 我们断定,如果这样的函数 f 存在,那么 g 是一个同构.

众所周知,N^* 是具有唯一因子分解的幺半群.另一方面,$3N+1$ 没有这个性质.实际上,例如我们有
$$10 \times 10 = 4 \times 25$$
所有的因数 10,4 与 25 是幺半群 $3N+1$ 的不可分解元素.

第9届巴尔干数学奥林匹克

希腊,1992

第9届巴尔干高中学生数学奥林匹克于1992年5月4日至9日在希腊的雅典举行.参加的国家仍然是6个:阿尔巴尼亚、保加利亚、塞浦路斯、希腊、罗马尼亚与南斯拉夫.

9.1 令 m 与 n 是正整数,且
$$A(m,n)=m^{3^{4n}+6}-m^{3^{4n}+4}-m^5+m^3$$
求具有以下性质的所有整数 n:对于每个整数 m,$A(m,n)$ 可被 1 992 整除.

(保加利亚)

解 我们有因子分解
$$1\,992=2^3\times 3\times 83$$
与
$$A(m,n)=(m-1)m^3(m+1)(m^{3^{4n}+1}-1)$$
注意,对于所有的整数 m,$(m-1)m(m+1)$ 可被3整除.同样,如果 m 是偶数,2^3 整除 m^3,如果 m 是奇数,那么 2^3 整除 m^2-1.因此对于所有的 m,$A(m,n)$ 被 $2^3\times 3$ 整除.

从而我们来求这样的所有整数 n,使对于 $m\not\equiv 0,1,-1(\bmod 83)$ 的所有正整数 m,有
$$m^{3^{4n}+1}-1\equiv 0(\bmod 83)$$
作为特殊情形,以上同余式一定对 $m=2$ 成立.如果 n 是偶数,那么就不成立.实际上,因为最大公因数 $(2,83)=1$,所以费马小定理给出
$$2^{82}\equiv 1(\bmod 83)$$
从而对于所有的正整数 k,有
$$2^{82k}\equiv 1(\bmod 83)$$
如果 n 是偶数,那么
$$3^{4n}=81^n=(82-1)^n\equiv 1(\bmod 82)$$
于是对于某一整数 k,$3^{4n}=82k+1$.我们得出
$$2^{3^{4n}+1}-1=2^{82k+2}-1\equiv 3(\bmod 83)$$
最后设 n 是奇数.于是,如果 m 不可被83整除,那么我们有
$$m^{82}\equiv 1(\bmod 83)$$
从而对于所有的 k
$$m^{82k}\equiv 1(\bmod 83)$$

同样
$$3^{4n}+1 = 81^n+1 = (82-1)^n+1 \equiv 0 (\bmod 82)$$
因此对于某一整数 k, $3^{4n}+1 = 82k$. 由此推出
$$m^{3^{4n}+1} - 1 \equiv 0 (\bmod 83)$$
我们断定,对于所有的 m,当且仅当 n 是奇数时,$A(m,n)$ 可被 1 992 整除.

9.2 求证:对于每个正整数 n,以下不等式成立
$$(2n^2+3n+1)^n \geq 6^n (n!)^2$$

(塞浦路斯)

证 由算术平均数－几何平均数不等式得出
$$\frac{1^2+2^2+\cdots+n^2}{n} \geq (1^2 2^2 \cdots n^2)^{\frac{1}{n}}$$
但是
$$\frac{1^2+2^2+\cdots+n^2}{n} = \frac{n(n+1)(2n+1)}{6n} = \frac{2n^2+3n+1}{6}$$
因此
$$(2n^2+3n+1)^n \geq 6^n (n!)^2$$
正是所要求的结果.

注意,除 $n=1$ 外,等式不能成立.

9.3 令 ABC 是三角形,D,E,F 分别是边 BC,CA,AB 内部的点,使四边形 $AFDE$ 是循环的(即圆内接四边形).求证
$$4 \frac{[DEF]}{[ABC]} \leq \left(\frac{EF}{AD}\right)^2$$

(希腊)

证 1 因为四边形 $AFDE$ 是循环四边形(即圆内接四边形),所以有 $\angle BAD = \angle FED$, $\angle DAC = \angle DFE$ (图 9.1). 因此
$$\frac{[ABD]}{[DEF]} = \frac{AB \cdot AD \cdot \sin\angle BAD}{DE \cdot DF \cdot \sin\angle FED} = \frac{AB \cdot AD}{DE \cdot DF}$$
类似地
$$\frac{[ADC]}{[DEF]} = \frac{AC \cdot AD}{DE \cdot EF}$$
现在我们有
$$\frac{[ABC]}{[DEF]} = \frac{[ABD]}{[DEF]} + \frac{[ADC]}{[DEF]} = \frac{AB \cdot AD}{DE \cdot EF} + \frac{AC \cdot AD}{DF \cdot EF} = \frac{AD}{EF}\left(\frac{AB}{DE} + \frac{AC}{DF}\right)$$
由算术平均数－几何平均数不等式给出

希腊,1992

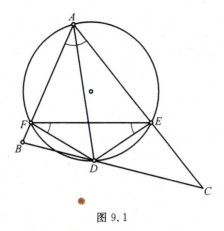

图 9.1

$$\frac{[ABC]}{[DEF]} \geqslant \frac{AD}{EF} \cdot 2\sqrt{\frac{AB \cdot AC}{DE \cdot DF}}$$

但是

$$\frac{AB \cdot AC}{DE \cdot DF} = \frac{AB \cdot AC \cdot \sin\angle BAC}{DE \cdot DF \cdot \sin\angle FDE} = \frac{[ABC]}{[DEF]}$$

从而得出

$$\frac{[ABC]}{[DEF]} \geqslant \frac{AD}{EF} \cdot 2\sqrt{\frac{[ABC]}{[DEF]}}$$

这容易简化为要求的不等式.

证 2 考虑在射线 AFB 与 AEC 上的点 B' 与 C',使 D 是线段 $B'C'$ 的中点(图 9.2). 例如,如果 $BD \leqslant CD$,那么 $[BB'D] \leqslant [CC'D]$(因为 $[BB'D] = [C'C'D]$),从而 $[ABC] \geqslant [AB'C']$. 因此,只要用 $\triangle AB'C'$ 代替 $\triangle ABC$ 来证明本题的断言即可.

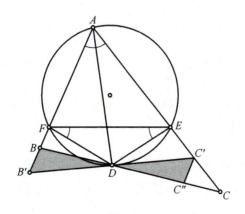

图 9.2

我们要求,在这种情形中,等式成立,即

$$4\frac{[DEF]}{[AB'C']} = \left(\frac{EF}{AD}\right)^2$$

实际上,令 M 与 N 分别是边 AB' 与 AC' 的中点(图 9.3),则

$$\angle DAF = \angle DEF$$

与

$$\angle DFE = \angle DAE = \angle ADM$$

由此得出 $\triangle DEF \sim \triangle MAD$,从而

$$\frac{[DEF]}{[MAD]} = \left(\frac{EF}{AD}\right)^2$$

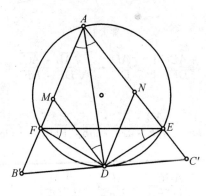

图 9.3

最后注意到

$$[AB'C'] = 2[AB'D] = 4[MAD]$$

因此

$$4\frac{[DEF]}{[AB'C']} = \frac{[DEF]}{[MAD]} = \left(\frac{EF}{AD}\right)^2$$

这正是所要求的结果.

评述 点 B' 与 C' 的作法如下:通过点 D 作边 AB 与 AC 的平行线,令 M 与 N 是它们与相应的边的交点(图 9.4).

因为四边形 $AMDN$ 是平行四边形,所以 AD 通过 MN 的中点.现在通过点 D 作一直线平行于 MN,它与直线 AB,AC 的交点就是所求的点 B',C'.

9.4 对于每个正整数 $n \geqslant 3$,求具有以下性质的最小正整数 $f(n)$:对于含有 $f(n)$ 个元素的任一子集 $A \subset \{1,2,\cdots,n\}$,存在 $x,y,z \in A$,使它们两两互质.

(罗马尼亚)

解 我们对所有的 $n \geqslant 3$,要求

希腊,1992

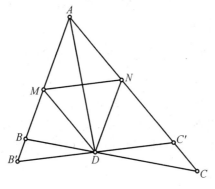

图 9.4

$$f(n) = \lfloor \frac{n}{2} \rfloor + \lfloor \frac{n}{3} \rfloor - \lfloor \frac{n}{6} \rfloor + 1$$

考虑集合
$$X = \{x \mid 1 \leqslant x \leqslant n, \text{最大公因数}(x,6) \neq 1\}$$

由包含－非包含原理证明 X 有 $\lfloor \frac{n}{2} \rfloor + \lfloor \frac{n}{3} \rfloor - \lfloor \frac{n}{6} \rfloor$ 个元素. 显然, 在 X 的任意 3 元素子集中, 我们可以求出 2 个元素, 使它们可被 2 或 3 整除. 这蕴含

$$f(n) \geqslant \lfloor \frac{n}{2} \rfloor + \lfloor \frac{n}{3} \rfloor - \lfloor \frac{n}{6} \rfloor + 1$$

为了证明相反的不等式, 我们需要一个预先的结果.

引理 令 a 是一正整数, 则任一 5 元素子集 A
$$A \subset \{a, a+1, a+2, a+3, a+4, a+5\}$$
包含 3 个数, 它们是两两互质的数.

证 令 x 是 $a, a+1$ 中的奇数, 则
$$\{x, x+2, x+4\} \subset \{a, a+1, a+2, a+3, a+4, a+5\}$$
且最大公因数$(x, x+2)=$最大公因数$(x, x+4)=$最大公因数$(x+2, x+4)=1$. 如果 y 属于 $\{x+1, x+3\}$, 且 3 不整除 y, 那么 $x, x+2, x+4$ 也是两两互质的数. 从而对于 5 元素子集 A 的任一选择, 我们可以在 $x, x+2, x+4$ 中至少选择 3 个数, 它们两两互质. 引理得到了证明.

现在我们用对 n 的归纳法来证明
$$f(n) \leqslant \lfloor \frac{n}{2} \rfloor + \lfloor \frac{n}{3} \rfloor - \lfloor \frac{n}{6} \rfloor + 1$$

当 $3 \leqslant n \leqslant 8$ 时, 不等式成立. 实际上, 对于 $n=3$ 与 $n=4$, 我们有两两互质的 1, 2, 3, 这就证明了 $f(3) \leqslant 3, f(4) \leqslant 4$.

对于 $n=5$, 我们需要证明 $f(5) \leqslant 4$. 如果数 1 未被选取, 那么 $\{3,4,5\} \subset \{2,3,4,5\}$ 适合. 如果 1 被选取, 那么需要在 $\{2,3,4,5\}$ 中求出另外 2 个元素. $\{2,3\}$ 或 $\{4,$

5}中任一被选出,因为$1,x,x+1$是两两互质的数.

对于$n=6$,我们要证明
$$f(6) \leqslant \lfloor \frac{6}{2} \rfloor + \lfloor \frac{6}{3} \rfloor - \lfloor \frac{6}{6} \rfloor + 1 = 5$$

这由引理推出.

对于$n=7$,我们要证明$f(7) \leqslant 5$.实际上,如果5个元素是在$\{2,3,4,5,6,7\}$中选取的,那么可以应用引理.在其他情形中,我们选取1与在$\{2,3,4,5,6,7\}$中选取其他4个元素,这给出1与2个相邻数,它们是两两互质数.

对于$n=8$,我们要证明
$$f(8) \leqslant \lfloor \frac{8}{2} \rfloor + \lfloor \frac{8}{3} \rfloor - \lfloor \frac{8}{6} \rfloor + 1 = 6$$

如果在$\{3,4,5,6,7,8\}$中选取5个元素,那么结果由引理给出.否则,选取1,2,且在$\{3,4,5,6,7,8\}$中选取其他4个数.于是我们至少选取2个相邻数,与1一起是两两互质数.

为了完成证明,对于每个$n \geqslant 3$,记
$$g(n) = \lfloor \frac{n}{2} \rfloor + \lfloor \frac{n}{3} \rfloor - \lfloor \frac{n}{6} \rfloor + 1$$

显然
$$g(n+6) = g(n) + 4$$

设$n \geqslant 9$与$f(n-6) \leqslant g(n-6)$.考虑集合$\{1,2,\cdots,n\}$的子集A,它包含$g(n)$个元素.如果
$$|A \cap \{n-5, n-4, n-3, n-2, n-1, n\}| \geqslant 5$$
那么由引理知,A包含3个互质元素.否则,A至少包含集合$\{1,2,\cdots,n-6\}$中的$g(n)-4 = g(n-6)$个元素,由归纳法假设,它包含具有所要求性质的3元素子集.

第 10 届巴尔干数学奥林匹克

塞浦路斯,1993

第 10 届巴尔干高中学生数学奥林匹克于 1993 年 5 月 3 日至 8 日在塞浦路斯的尼科西亚举行. 参加国家仍然是 6 个: 阿尔巴尼亚、保加利亚、塞浦路斯、希腊、罗马尼亚与南斯拉夫.

10.1 实数 a,b,c,d,e,f 满足条件
$$a+b+c+d+e+f=10$$
与
$$(a-1)^2+(b-1)^2+(c-1)^2+(d-1)^2+(e-1)^2+(f-1)^2=6$$
求 f 的最大可能值.

(塞浦路斯)

解 注意到
$$6=\sum(a-1)^2=\sum a^2-2\sum a+6=\sum a^2-14$$
从而
$$\sum a^2=20$$
我们有
$$a+b+c+d+e=10-f$$
与
$$a^2+b^2+c^2+d^2+e^2=20-f^2$$
由柯西-施瓦兹不等式给出
$$5(a^2+b^2+c^2+d^2+e^2)\geqslant(a+b+c+d+e)^2$$
因此得出
$$5(20-f^2)\geqslant(10-f)^2$$
或者等价地
$$3f^2-10f\leqslant 0$$
后者得出
$$0\leqslant f\leqslant\frac{10}{3}$$
我们看出,当 $a=b=c=d=e=\frac{4}{3}$ 时,f 可以达到上界.

10.2 正整数称为单调的,如果它的小数表示式

$$a_N 10^N + a_{N-1} 10^{N-1} + \cdots + a_1 10 + a_0$$

中的数字满足 $a_N \leqslant a_{N-1} \leqslant \cdots \leqslant a_1 \leqslant a_0$. 求证: 所有单调正整数的个数至多有 1 993 个.

(保加利亚)

证 我们来计算含有 1 993 项 $x_k \in \{0,1,\cdots,9\}$ 的多少个有限数列 $\{x_n\}$ 满足条件
$$x_1 \leqslant x_2 \leqslant \cdots \leqslant x_{1\,993}$$
令 X 是这样的数列的集合, 令 Y 是含有 1 993 项 $y_k \in \{0,1,\cdots,2\,001\}$ 的数列 $\{y_n\}$ 的集合, 使
$$y_1 < y_2 < \cdots < y_{1\,993}$$
不难看出, Y 有 $\binom{2\,002}{1\,993}$ 个元素. 我们要求 X 有相同的元素个数, 用定义双射函数 $f: X \to Y$ 来证明这一点. 对于 $\{x_n\} \in X$, 定义 $\{y_n\} = f(\{x_n\})$ 如下: 对所有的 $k, 1 \leqslant k \leqslant 1\,993$, 有
$$y_k = x_k + k - 1$$
显然
$$0 \leqslant y_1 < y_2 < \cdots < y_{1\,993} \leqslant 2\,001$$
反之, 如果 $\{y_n\} \in Y$, 那么 $\{x_n\} = f^{-1}(\{y_n\})$ 由下式确定: 对于所有的 k, 在 $1 \leqslant k \leqslant 1\,993$ 时 $x_k = y_k - k + 1$. 平凡的检验证明了
$$0 \leqslant x_1 \leqslant x_2 \leqslant \cdots \leqslant x_{1\,993} \leqslant 9$$
因此要求的数是 $\binom{2\,002}{1\,993} - 1$, 因为我们抛弃了所有的 $x_i = 0$ 的情形(相应的数不是正整数).

10.3 圆心为 O_1 与 O_2 的圆 C_1 与圆 C_2 外切于 T. 第 3 个圆 C 的圆心在 O, 分别与圆 C_1, 圆 C_2 相切于 A, B, 使 O_1 与 O_2 在它的内部. 圆 C_1 与圆 C_2 在 T 上的切线交圆 C 于 K 与 L. 令 D 是 KL 的中点. 求证: $\angle O_1 O O_2 = \angle ADB$.

(希腊)

证 1 容易看出点 A, O_1, O 共线. 类似地, 点 B, O_2, O 共线, 从而 $\angle O_1 O O_2 = \angle AOB$. 我们将证明四边形 $ABOD$ 是循环的(即圆内接四边形), 这蕴含 $\angle AOB = \angle ADB$, 这正好是要求的结果.

设在点 A 与 B 向圆 C 所作的切线相交于 S(图 10.1), 则有
$$\angle OAS = \angle OBS = 90°$$
因为 D 是 KL 的中点, 所以也有 $\angle ODK = 90°$.

如果我们证明了 S 在直线 KL 上, 那么由此推出点 D 在直径为 OS 的圆上, 从而

塞浦路斯,1993 55

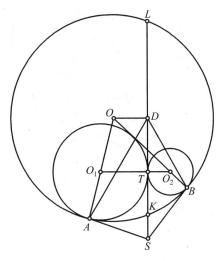

图 10.1

四边形 $ABOD$ 是循环的(即圆内接四边形).

为此目的,考虑极点 T 的反演 I,直线 KL 在这个变换下是不变的.圆 C_1 与圆 C_2 的像是直线 c_1 与 c_2,它们都垂直于圆 c_1 与 c_2 的直径,这两圆都包含极点 T(图 10.2).从而 c_1 与 c_2 都平行于 KL.直线 AS 与 BS 的像是两圆 a 与 b,它们通过极点 T,且分别与直线 c_1,c_2 相切.圆 a 与圆 b 的第 2 个交点是 S',它是 S 通过反演得出的像.显然,$S'T \parallel c_1 \parallel c_2$,因此 S'(从而 S) 在 KL 上.

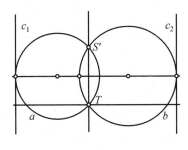

图 10.2

证 2 令 AT 与 BT 也和圆 C 相交于 Q 与 R,AR 与 BQ 相交于 P(图 10.3).

注意,点 Q,O,D,R 共线.实际上,$\triangle AO_1T$ 与 $\triangle AOQ$ 是等腰的,$O_1T \parallel OQ$.同样 $O_2T \parallel OR$,从而 O,Q,R 共线.但是 OD 与 O_1O_2 都是 KL 的垂线,于是 D 也在直线 QR 上.

因为
$$\angle QAR = \angle QBR = 90°$$
所以推出 T 是 $\triangle PQR$ 的垂心,$\triangle ABD$ 是它的垂足三角形.点 O 是 QR 的中点,从而它属于 $\triangle PQR$ 的九点圆,此圆是 $\triangle ABD$ 的外接圆(关于九点圆的知识请见附录).

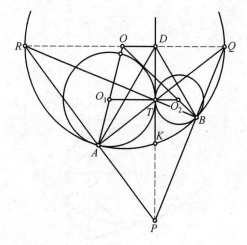

图 10.3

这蕴含四边形 $ABOD$ 是循环的(即圆内接四边形),因此 $\angle AOB = \angle ADB$.

10.4 令 p 是质数,m 是正整数. 求证:当且仅当 $m=p$ 时,方程

$$\frac{x^p+y^p}{2}=\left(\frac{x+y}{2}\right)^m$$

有正整数解 $(x,y) \neq (1,1)$.

(罗马尼亚)

证 如果 $m=p$,那么方程是

$$\frac{x^p+y^p}{2}=\left(\frac{x+y}{2}\right)^p$$

且有无限多个解 (x,y),其中 x 是任一正整数.

反之,设 $(x,y) \neq (1,1)$ 是一个解. 如果 $x=y$,那么 $m=p$,我们就解答完毕. 设 $x<y$,且 $d=$最大公因数(x,y),则对于一些正整数 a 与 b,有 $x=ad$,$y=bd$,其中最大公因数$(a,b)=1$. 方程变为

$$d^p \frac{a^p+b^p}{2}=d^m\left(\frac{a+b}{2}\right)^m \tag{1}$$

把詹森不等式应用于凸函数 $f:(0,+\infty) \to \mathbb{R}$,$f(x)=x^p$,给出

$$\frac{a^p+b^p}{2}>\left(\frac{a+b}{2}\right)^p$$

结果是

$$d^m\left(\frac{a+b}{2}\right)^m>d^p\left(\frac{a+b}{2}\right)^p$$

给出 $m>p$,从而(1)可以写成

$$2^{m-1}(a^p+b^p)=d^{m-p}(a+b)^m \tag{2}$$

我们推出 $a+b$ 是偶数,否则 $(a+b)^m$ 整除 a^p+b^p,这不可能,因为 $m>p$. 于是可以设 $a=c-t, b=c+t$,其中 c 与 t 是正整数,且最大公因数 $(c,t)=1$. 代入 (2) 给出

$$2^{m-1}\left(c^p + \binom{p}{2}c^{p-2}t^2 + \cdots + \binom{p}{p-1}ct^{p-1}\right) = d^{m-p}2^m c^m$$

或

$$c^{p-1} + \binom{p}{2}c^{p-3}t^2 + \cdots + \binom{p}{p-1}t^{p-1} = 2d^{m-p}c^{m-1}$$

由此得出 c 整除 pt^{p-1},因为最大公因数 $(c,t)=1$,所以 c 整除 p. 这只有当 $c=p$ 时才可能,但是此时以上等式蕴含 p 整除 t,矛盾(注意,如果 p 是质数,那么对于所有的 $k, 1 \leqslant k \leqslant p-1$ 时,p 整除 $\binom{p}{k}$).

第11届巴尔干数学奥林匹克

南斯拉夫,1994

第11届巴尔干高中学生数学奥林匹克于1994年5月8日至13日在南斯拉夫的诺维沙德举行.参加国家仍然是6个:阿尔巴尼亚、保加利亚、塞浦路斯、希腊、罗马尼亚与南斯拉夫.

11.1 令点 P 是锐角 $\angle xAy$ 内部一点.用直尺与圆规在射线 Ax 与 Ay 上分别作出点 B 与 C,使直线 BC 通过点 P,且 $\triangle ABC$ 的面积等于 AP^2.

(塞浦路斯)

解 令点 Q 是点 P 在射线 Ax 上的射影,R 是 Ax 上的点,使 $PR \parallel Ay$(图11.1).注意,因为 $\angle xAy$ 是锐角,所以点 R 在 A 与 Q 之间.

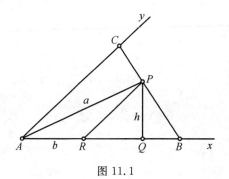

图 11.1

记 $AP=a, PQ=h, AR=b, RB=x$. 长 a,b,h 是已知的,我们要作一条长为 x 的线段.$\triangle ABC \backsim \triangle RBP$,从而

$$\frac{[RBP]}{[ABC]} = \left(\frac{RB}{AB}\right)^2 = \left(\frac{x}{x+b}\right)^2$$

另一方面,$[RBP] = \frac{1}{2}hx, [ABC] = a^2$,由此推出

$$x^2 - 2\left(\frac{a^2}{h} - b\right)x + b^2 = 0 \tag{1}$$

我们现在来作一条长为 $\frac{a^2}{h}$ 的线段.考虑直角边为 $KL=h$ 与 $KM=a$ 的 $Rt\triangle KLM$(图11.2).从 M 作直线 ML 的垂线与直线 KL 相交于点 N.我们有

$$MK^2 = NK \cdot KL$$

从而

$$a' = NK = \frac{a^2}{h}$$

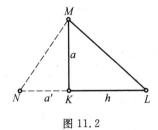

图 11.2

容易作出长为 $c=a'-b$ 的另一线段. 这经常是可能的, 因为
$$\frac{a^2}{h} > b$$

实际上, 我们有
$$a^2 = h^2 + (b+y)^2 > bh$$

其中 $y=RQ$. 方程(1)变成
$$x^2 - 2cx + b^2 = 0$$

令 x_1 与 x_2 是它的根, 则有 $x_1 + x_2 = 2c, x_1 x_2 = b^2$. 考虑直径为 $2c$ 的半圆, 作一条与直径平行的直线, 使它们的距离等于 b (图 11.3).

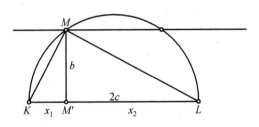

图 11.3

如果 M 是这条平行线与半圆的交点之一, M' 是 M 在直径 KL 上的射影, 那么线段 KM' 与 LM' 的长是根 x_1 与 x_2. 这是因为 $KM' + LM' = KL = 2c$, $\triangle KLM$ 是直角三角形, 所以
$$MM'^2 = KM' \cdot LM'$$

本题常有两解, 因为 $b < c$, 这等价于
$$a^2 > 2hb$$
它又由
$$a^2 = h^2 + (b+y)^2$$
推出.

11.2 令 m 是整数. 求证: 多项式
$$P(X) = X^4 - 1994X^3 + (1993+m)X^2 - 11X + m$$
至多有一个整数根.

(希腊)

证 1 设 P 至少有两个整数根 x_1, x_2,令 x_3, x_4 是这个多项式的另外两个根,则我们有(韦达定理)

$$x_1 + x_2 + x_3 + x_4 = 1\,994$$
$$x_1 x_2 + x_1 x_3 + x_1 x_4 + x_2 x_3 + x_2 x_4 + x_3 x_4 = 1\,993 + m$$
$$x_1 x_2 x_3 + x_1 x_2 x_4 + x_1 x_3 x_4 + x_2 x_3 x_4 = 11$$
$$x_1 x_2 x_3 x_4 = m$$

记 $x_1 + x_2 = s_1, x_3 + x_4 = s_2, x_1 x_2 = p_1, x_3 x_4 = p_2$,把以上等式改写就得出

$$s_1 + s_2 = 1\,994 \tag{1}$$
$$p_1 + p_2 + s_1 s_2 = 1\,993 + m \tag{2}$$
$$p_1 s_2 + p_2 s_1 = 11 \tag{3}$$
$$p_1 p_2 = m \tag{4}$$

因为 x_1 与 x_2 是整数,所以 s_1 与 p_1 也是整数.于是(1)蕴含 s_2 是整数,(2)蕴含 p_2 也是整数.现在我们来看数 s_1, s_2, p_1, p_2 的奇偶性.由(1)推出 s_1 与 s_2 有相同的奇偶性;它们两者不能是偶数,因为这与(3)矛盾.从而 s_1 与 s_2 两者是奇数.但是这时(3)蕴含 p_1 与 p_2 有不同的奇偶性,这样 m 是偶数(因为(4)),从而 $p_1 + p_2$ 与 $s_1 s_2$ 是奇数,m 是偶数.这与(2)矛盾,因此我们的假设是错误的.

我们断定,至多一个根可以是整数.

证 2 令 f 是整多项式

$$f(X) = a_0 + a_1 X + \cdots + a_n X^n$$

用 $\hat{f}$ 表示被模 2 约化的多项式,即

$$\hat{f}(X) = \hat{a}_0 + \hat{a}_1 X + \cdots + \hat{a}_n X^n$$

其中对于所有的 $i, \hat{a}_i \in \mathbb{Z}_2$.已知,如果 $f = g \cdot h$,其中 g 与 h 是整多项式,那么 $\hat{f} = \hat{g} \cdot \hat{h}$.

设 P 至少有两个整数根,则 P 分解因式为 $P_1 P_2 P_3$,其中 P_1 的次数 $= P_2$ 的次数 $= 1$, P_3 的次数 $= 2$.因此我们一定有 $\hat{P} = \hat{P}_1 \hat{P}_2 \hat{P}_3$,这些多项式在 $\mathbb{Z}_2[X]$ 中,分别与 P_1, P_2, P_3 有相同的次数.

我们有

$$\hat{P}(X) = X^4 + (\hat{1} + \hat{m}) X^2 - X + \hat{m}$$

从而我们分析 2 种情形.

情形 1 如果 $\hat{m} = \hat{0}$,那么

$$\hat{P}(X) = X^4 + X^2 - X = X(X^3 + X - \hat{1})$$

但是 $Q(X) = X^3 + X - \hat{1}$ 是 $\mathbb{Z}_2[X]$ 中未被约化的多项式.实际上,如果 Q 是约化的,那么它的一个因式一定有次数 1,因此 Q 在 $\mathbb{Z}_2$ 中一定有一根,情况不是这样.

情形 2 如果 $\hat{m} = \hat{1}$,那么 $\hat{P}(X) = X^4 - X + 1$.注意 P 在 $\mathbb{Z}_2$ 中没有根,从而没有 1

次的因式. 由此得出, P 在 $\mathbb{Z}_2[X]$ 中不能写成三个多项式的乘积.

我们断定, P 至多有一个整数根.

11.3 令 $n \geqslant 2$ 是正整数. 求表示式

$$\sum_{k=1}^{n-1} |a_{k+1} - a_k|$$

的最大值, 其中 $a_1, a_2, \cdots, a_n$ 是数 $1, 2, \cdots, n$ 的一个置换.

(罗马尼亚)

解 如果 $p = \{a_1, a_2, \cdots, a_n\}$ 是数 $1, 2, \cdots, n$ 的置换, 那么记

$$s(p) = \sum_{k=1}^{n-1} |a_{k+1} - a_k| + |a_1 - a_n|$$

注意

$$s(p) = \sum_{k=1}^{n} \alpha_k (a_{k+1} - a_k) = \sum_{k=1}^{n} (\alpha_{k-1} - \alpha_k) a_k$$

其中 $\alpha_k \in \{-1, 1\}$, 记 $a_{n+1} = a_1, \alpha_0 = \alpha_n$. 重排各项, 我们有

$$s(p) = \sum_{k=1}^{n} \beta_k \cdot k$$

其中 $\beta_k \in \{-1, 0, 1\}, \beta_1 + \beta_2 + \cdots + \beta_n = 0$. 从而

$$s(p) = 2(x_1 + x_2 + \cdots + x_m) - 2(y_1 + y_2 + \cdots + y_m)$$

其中 $2m$ 等于不为 0 的 β_k 的个数, 数 $x_1, \cdots, x_m, y_1, \cdots, y_m$ 是 $\{1, 2, \cdots, n\}$ 中的不同元素. 我们可以看出, 当 $m = \lfloor \frac{n}{2} \rfloor$ 时, $s(p)$ 达到它的最大值, 并且

$$\begin{aligned} \{x_1, \cdots, x_m\} &= \{m+1, m+2, \cdots, n\} \\ \{y_1, \cdots, y_m\} &= \{1, 2, \cdots, m\} \end{aligned} \tag{1}$$

因为

$$\sum_{k=1}^{n-1} |a_{k+1} - a_k| = s(p) - |a_1 - a_n| \leqslant s(p) - 1$$

所以从满足 (1) 的所有置换中, 对于 (1), $s(p)$ 是最大的, 我们一定求出一个置换, 使 $|a_1 - a_n| = 1$. 对于 n 是偶数, $n = 2m$, 取 $a_{2k-1} = m + k, a_{2k} = k$, 其中 $k = 1, 2, \cdots, m$; 对于 n 是奇数, $n = 2m + 1$, 取 $a_{2k-1} = m + k + 1, a_{2k} = k$, 其中 $k = 1, 2, \cdots, m$, 取 $a_n = m + 1$. 不难看出, 当 n 是偶数时, 所求的最大值是 $\frac{n^2 - 2}{2}$, 当 n 是奇数时, 所求的最大值是 $\frac{n^2 - 3}{2}$.

11.4 求具有以下性质的最小整数 $n > 4$: 存在 n 个人组成的一个集合, 使彼此相识的每两个人没有一个共同相识的人, 不彼此相识的每两个人恰有两个共同相识的人

(我们假设,对于每两个人 A,B,如果 A 认识 B,那么 B 认识 A).

(保加利亚)

解 利用图论的语言比较容易.考虑一个有 n 个顶点的图,则第 1 个条件表示图不包含三角形.第 2 个条件读作:对于没有联结的任两顶点,确实存在两个与它们连接的其他顶点.

令 A 是任一顶点,设它被连接到 p 个顶点 $A_1,A_2,\cdots,A_p$(即 A 的次数等于 p). 令 N_A 是不连接到 A 的顶点集合.我们将证明 N_A 有 $\binom{p}{2}$ 个元素.

注意,对于每个 $i \neq j$,A_i 与 A_j 不连接,否则 A,A_i,A_j 是一个三角形的顶点.因此对于每对 A_i,A_j,确实存在 N_A 中一顶点与这两个顶点连接.用 A_{ij} 表示这一顶点. 如果各对 i,j 与 h,k 是不同的,且 $A_{ij}=A_{hk}=B$,那么 A 与 B 两者至少连接到三个顶点,矛盾.从而 N_A 至少有 $\binom{p}{2}$ 个元素.

如果 $B \in N_A$,那么一定恰有两个顶点连接到 A 与 B,例如 A_i 与 A_j. 对于与 B 不同的其他顶点,$C \in N_A$,存在连接到 C 的 A_h 与 A_k. 每对 i,j 与 h,k 一定是不同的,否则,顶点 A,B,C 全被连接到相同的两个顶点.从而 N_A 至多有 $\binom{p}{2}$ 个元素.

我们断定 N_A 恰有 $\binom{p}{2}$ 个元素,因此顶点的总数是

$$n = 1 + p + \binom{p}{2}$$

注意,A_1 被连接到 A 与 $p-1$ 个顶点 A_{1j},于是它的次数等于 p. 因为 A 是任一顶点,所以我们求出每两个连接的顶点有相同次数,因此所有顶点有相同次数 p.

因为 $n > 4$,所以有 $p > 2$. 对于 $p = 3$,结果是 $n = 7$. 我们有顶点 A, A_1, A_2, A_3, A_{12}, A_{13}, A_{23}. 顶点 A_1 被连接到 A_{12} 与 A_{13} 等等. 但是 A_{12} 既不能连接到 A_{13} 又不能连接到 A_{23},否则构成一个三角形(在第 1 种情形中 $\triangle A_1 A_{12} A_{13}$,在第 2 种情形中 $\triangle A_2 A_{12} A_{23}$),因此它的次数等于 2,矛盾.类似地,$p = 4$ 的情形(从而 $n = 11$)导致矛盾.

对于 $p = 5$,我们有 $n = 16$,存在有 16 个顶点并且有所要求的性质的图(图 11.4).

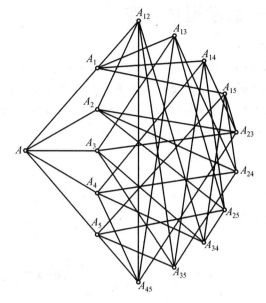

图 11.4

第12届巴尔干数学奥林匹克

保加利亚,1995

第12届巴尔干高中学生数学奥林匹克于1995年5月8日至13日在保加利亚的普罗夫迪夫举行.参加国家增加到7个:阿尔巴尼亚、保加利亚、塞浦路斯、前南斯拉夫的马其顿共和国、希腊、罗马尼亚与南斯拉夫.

12.1 求表示式
$$(\cdots((2*3)*4)*\cdots)*1995$$
的值,其中对于所有的正数 x,y,有
$$x*y=\frac{x+y}{1+xy}$$

(前南斯拉夫的马其顿共和国)

解 考虑函数 $f:(0,+\infty)\to(-1,1),f(x)=\dfrac{1+x}{1-x}$,注意

$$f(x*y)=\frac{1+\dfrac{x+y}{1+xy}}{1-\dfrac{x+y}{1+xy}}=\frac{(1+x)(1+y)}{(1-x)(1-y)}=f(x)f(y)$$

于是,如果
$$a=(\cdots((2*3)*4)*\cdots)*1995$$
那么
$$\begin{aligned}f(a)&=f(2)\times f(3)\times\cdots\times f(1995)\\&=\frac{3}{-1}\times\frac{4}{-2}\times\frac{5}{-3}\times\cdots\times\frac{1994}{-1992}\times\frac{1995}{-1993}\times\frac{1996}{-1994}\\&=\frac{1995\times 1996}{2}\end{aligned}$$

方程
$$f(a)=\frac{1+a}{1-a}=\frac{1995\times 1996}{2}=1991010$$

有解 $a=\dfrac{1991009}{1991011}$.

12.2 分别有圆心 O_1,O_2 与半径 r_1,r_2 的圆 C_1 与圆 C_2 相交于点 A 与点 B,使 $\angle O_1AO_2=90°$.直线 O_1O_2 交圆 C_1 于点 C,D,交圆 C_2 于点 E,F,使点 E 在点 C 与点 D 之间,点 D 在点 E 与点 F 之间.直线 BE 第2次交圆 C_1 于点 K,交 AC 于点 M.直

线 BD 第 2 次交圆 C_2 于点 L,交 AF 于点 N. 求证
$$\frac{r_2}{r_1}=\frac{KE}{KM}\cdot\frac{LN}{LD}$$

(希腊)

证 如图 12.1,注意点 C,A 与 L 共线. 实际上我们有
$$\angle CAL=\angle CAO_1+90°+\angle O_2AL$$
但是
$$\angle O_2AL=90°-\frac{\angle AO_2L}{2}=90°-\angle ABL=90°-\angle ABD=90°-\angle ACO_1$$
因为 $\angle CAO_1=\angle ACO_1$,所以得出 $\angle CAL=180°$,即点 C,A,L 共线. 类似地,点 K, A,F 也共线.

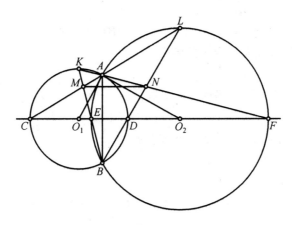

图 12.1

把门纳劳斯定理应用于 $\triangle CME$ 与直线 KF,得出
$$\frac{KE}{KM}\cdot\frac{AM}{AC}\cdot\frac{FC}{FE}=1$$
把同一定理应用于 $\triangle FND$ 与直线 CL 得出
$$\frac{LN}{LD}\cdot\frac{AF}{AN}\cdot\frac{CD}{CF}=1$$
我们推出
$$\frac{KE}{KM}\cdot\frac{LN}{LD}=\frac{AC}{AM}\cdot\frac{AN}{AF}\cdot\frac{r_2}{r_1}$$
因为 $FE=2r_2$ 与 $CD=2r_1$. 因此只要证明
$$\frac{AC}{AM}\cdot\frac{AN}{AF}=1$$
即可,或等价地证明
$$\frac{AC}{AM}=\frac{AF}{AN}$$

即 $MN \parallel CF$.

我们有
$$\angle MAX = \angle CAO_1 + 90° + \angle O_2AF$$
$$= 90° - \frac{\angle CO_1A}{2} + 90° + 90° - \frac{\angle AO_2F}{2}$$
$$= 270° - \frac{1}{2}(180° - \angle AO_1O_2 + 180° - \angle AO_2O_1)$$
$$= 270° - \frac{1}{2}(360° - 90°) = 135°$$

另一方面
$$\angle MBN = \angle EBA + \angle DBA = \frac{\angle AO_2O_1}{2} + \frac{\angle AO_1O_2}{2} = 45°$$

从而四边形 $AMBN$ 是循环的,因此
$$\angle AMN = \angle ABN = \angle ABD = \angle ACD$$
这蕴含 $MN \parallel CF$,这正是所要求的结果.

12.3 令 a 与 b 是有相同奇偶性的正整数,使 $a > b$. 求证:方程
$$x^2 - (a^2 - a + 1)(x - b^2 - 1) - (b^2 + 1)^2 = 0$$
的根是正整数,其中没有一个数是完全平方数.

(阿尔巴尼亚)

证 二次方程的解是 $x_1 = b^2 + 1, x_2 = a^2 - a - b^2$. 容易看出 $b^2 + 1$ 不能是平方数,从而我们要证明方程
$$a^2 - a - b^2 = c^2 \tag{1}$$
没有正整数解,并且 a 与 b 有相同的奇偶性.

假设,令
$$u = \frac{a+b}{2}, v = \frac{a-b}{2}$$
因为 a 与 b 有相同的奇偶性,且 $a > b$,所以 u 与 v 是正整数. 我们得出
$$a = u + v, b = u - v$$
代入(1),得出
$$4uv - u - v = c^2$$
或者等价地给出
$$(4u - 1)(4v - 1) = 4c^2 + 1$$
因为 $4u - 1 \equiv -1 \pmod{4}$,所以至少存在一个整除 $4u - 1$ 的质数 p,使 $p \equiv -1 \pmod{4}$(事实上,这样的质数是奇数). 于是有
$$(2c)^2 \equiv -1 \pmod{p}$$

因为 $\frac{p-1}{2}$ 是奇数,所以上述同余式蕴含
$$(2c)^{p-1} \equiv -1 \pmod{p}$$
显然,最大公因数 $(2c,p)=1$,从而费马小定理给出
$$(2c)^{p-1} \equiv 1 \pmod{p}$$
由此得出
$$1 \equiv -1 \pmod{p}$$
显然矛盾.

评述 方程(1)有无限多个正整数解,其中 a 与 b 有不同奇偶性. 解集由下式给出
$$a = k^2 + 1, b = k^2, c = k$$
其中 k 是任一整数.

12.4 令 n 是正整数,S 是所有的点 (x,y) 组成的集合,其中 x 与 y 是正整数,且 $x,y \leqslant n$. 令 T 是顶点属于 S 的所有正方形组成的集合. 用 $a_k(k \geqslant 0)$ 表示 S 中点对的个数,使这些点对恰好是 T 中 k 个正方形的顶点. 求证: $a_0 = a_2 + 2a_3$.

(南斯拉夫)

证 S 中点对的总数是
$$\binom{n^2}{2} = \frac{n^2(n^2-1)}{2}$$
注意,在 S 中存在这样的点对,使它们不是 T 中任一正方形的顶点(例如图 12.2 中的点对 A,B). 同样,某些点对恰好是 T 中 1 个(如 C,D),2 个(如 E,F)或 3 个(如 G,H)正方形的顶点.

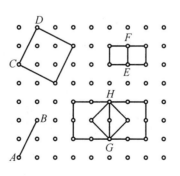

图 12.2

但是,我们不能在 S 中求出 2 个点,使它们是多于 3 个正方形的顶点. 实际上,点对可以表示一个正方形一边的顶点(在 T 中至多有 2 个正方形共用一条已知边)或对角线的顶点(至多一个正方形).

我们断定，S 中点对的总数等于
$$a_0 + a_1 + a_2 + a_3$$
令 t 是集合 T 的元素个数．对每个正方形计算在它的顶点中的点对，我们求出它的总数是
$$a_1 + 2a_2 + 3a_3$$
另一方面，这个数一定等于 $6t$，因为在每个正方形中有 6 个点对在它的顶点中．如果我们证明了
$$6t = \frac{n^2(n^2-1)}{2}$$
那么将由此得出
$$a_0 + a_1 + a_2 + a_3 = a_1 + 2a_2 + 3a_3$$
从而
$$a_0 = a_2 + 2a_3$$
是所要求的等式．

为了估计 t，我们注意，在 T 中每个正方形可以"内接"于一个正方形，这个正方形的边平行于轴（例如，在图 12.3 中，正方形 $ABCD$ "内接" 于正方形 $XYZT$）．如果后者的边长等于 k，$1 \leqslant k \leqslant n$，那么恰有 k 个正方形"内接"于它，包含本身．

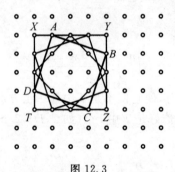

图 12.3

容易看出，T 中边长为 k 且边平行于轴的正方形个数是 $(n-k)^2$，因此 T 的元素总个数等于
$$\sum_{k=1}^{n} k(n-k)^2 = n\sum_{k=1}^{n}(n-k)^2 - \sum_{k=1}^{n}(n-k)^3$$
$$= n \cdot \frac{n(n+1)(2n+1)}{6} - \frac{n^2(n+1)^2}{4}$$
$$= \frac{n^2(n^2-1)}{12}$$

从而求出
$$6t = \frac{n^2(n^2-1)}{2}$$

因此这是所要证的结论．

第 13 届巴尔干数学奥林匹克

罗马尼亚,1996

第 13 届巴尔干高中学生数学奥林匹克于 1996 年 4 月 30 日至 5 月 5 日在罗马尼亚的贝卡乌举行. 参加国家增加到 9 个:阿尔巴尼亚、保加利亚、塞浦路斯、前南斯拉夫的马其顿共和国、希腊、蒙尔多瓦共和国、罗马尼亚、土耳其与南斯拉夫.

13.1 令 O 与 G 是 $\triangle ABC$ 的外心与内心. 如果 R 是它的外接圆半径,r 是它的内切圆半径,求证

$$OG \leqslant \sqrt{R(R-2r)}$$

(希腊)

证 大家知道(见附录,莱布尼茨关系式),在任意三角形中以下等式成立

$$OG^2 = R^2 - \frac{1}{9}(a^2+b^2+c^2)$$

因此,要求的不等式等价于

$$a^2+b^2+c^2 \geqslant 18Rr$$

如果 S 与 p 表示三角形的面积与半周长,那么我们知道

$$S = pr = \frac{abc}{4R}$$

所以

$$Rr = \frac{abc}{2(a+b+c)}$$

从而我们要证明不等式

$$(a+b+c)(a^2+b^2+c^2) \geqslant 9abc$$

此式用显然的算术平均数 — 几何平均数不等式

$$a+b+c \geqslant 3\sqrt[3]{abc}$$

与

$$a^2+b^2+c^2 \geqslant 3\sqrt[3]{a^2b^2c^2}$$

相乘得出. 容易看出,当且仅当 $a=b=c$ 时,即 $\triangle ABC$ 是等边三角形时,上述等式成立.

评述 已知 $OI^2 = R(R-2r)$,其中 I 是 $\triangle ABC$ 的内心(见附录,欧拉三角公式). 因此本题要求证明 $OG \leqslant OI$.

13.2 令 $p > 5$ 是一质数,令
$$X = \{p - n^2 \mid n \text{ 是正整数且 } n^2 < p\}$$
求证:X 包含两个不同的元素 x, y,使 $x \neq 1$ 且 x 整除 y.

(阿尔巴尼亚)

证 设 $1 \in X$,则对于某个偶整数 n,$p = n^2 + 1$. 令 $x = 2n$,$y = n^2$,显然,x 整除 y,从而我们要证明 x 与 y 两者是 X 的不同元素. 容易看出
$$2n = n^2 + 1 - (n-1)^2 = p - (n-1)^2$$
因此 $x \in X$. 另一方面
$$y = n^2 = p - 1 = p - 1^2$$
于是也有 $y \in X$. 如果 $x = y$,那么 $2n = n^2$,因此 $n = 2$,$p = 5$,矛盾.

现在设 $1 \notin X$,用 n 表示使 $n^2 < p$ 的最大正整数(事实上,$n = \lfloor \sqrt{p} \rfloor$). 令 $x = p - n^2$,$y = p - (x - n)^2$. 注意
$$y = p - n^2 + 2nx - x^2 = x + 2nx - x^2 = x(1 + 2n - x)$$
因此 x 整除 y. 显然 x 属于 X. 为了证明 y 也是 X 中与 x 不同的元素,只要证明
$$1 \leqslant |x - n| < n$$
即可. 实际上,如果 $|x - n| = 0$,那么
$$p = n^2 + n = n(n+1)$$
它不是质数. 对于第 2 个不等式,注意 n 的定义蕴含
$$p \leqslant n^2 + 2n + 1$$
因为 p 是质数,所以
$$p < n^2 + 2n$$
因此 $|x - n| = |p - n^2 - n| < n$,这正是所要求的结果.

13.3 令五边形 $ABCDE$ 是凸五边形. 用 M, N, P, Q, R 分别表示边 AB, BC, CD, DE, EF 的中点. 如果线段 AP, BQ, CR 与 DM 有一公共点,求证:这一点也属于线段 EN.

(南斯拉夫)

证 1 我们将利用以下结果.

引理 令 X' 是 $\triangle XYZ$ 的边 YZ 的中点. 当且仅当 O 是这个三角形的内点,且 $[OXY] = [OXZ]$ 时,点 O 属于中线 XX'.

证 令 O 是这个三角形的内点,设 XO 与 YZ 相交于 X'. 把 Y 与 Z 分别射影到直线 XO 上的 Y' 与 Z',$\triangle YY'X' \sim \triangle ZZ'X'$. 因为 $\triangle OXZ$ 与 $\triangle OXY$ 有公共边 XO,所以当且仅当 $YY' = ZZ'$ 时,即 $YX' = ZX'$ 时,$[OXY] = [OXZ]$(图 13.1).

回到我们的问题,令 O 是线段 AP, BQ, CR, DM 的公共点. 注意,由假设与引理,

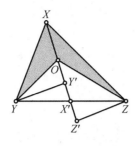

图 13.1

有
$$[BOE]=[BOD]=[AOD]=[AOC]=[COE]$$

不难看出 O 在 $\triangle BEC$ 的内部,因为 $[BOE]=[COE]$,所以直线 EO 通过线段 BC 的中点 N(图 13.2).

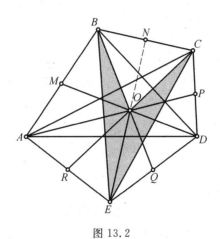

图 13.2

证 2 令 O 是复平面的原点,$a,b,c,\cdots$ 是点 $A,B,C,\cdots$ 的附标. 注意,为使不同点 O,X,Y 共线,当且仅当存在一实数 λ,使 $x=\lambda y$,或等价地,当且仅当 $\dfrac{x}{y}$ 是实数. 但是,为使这个结果发生,当且仅当

$$\frac{x}{y}=\overline{\left(\frac{x}{y}\right)}=\frac{\overline{x}}{\overline{y}}$$

或者
$$x\overline{y}=\overline{x}y$$

因为 p 是 CD 的中点,所以有
$$p=\frac{c+d}{2}$$

因为 O,A,P 共线,所以有

类似地
$$a(\bar{c}+\bar{d}) = \bar{a}(c+d)$$
$$b(\bar{d}+\bar{e}) = \bar{b}(d+e)$$
$$c(\bar{e}+\bar{a}) = \bar{c}(e+a)$$
$$d(\bar{a}+\bar{b}) = \bar{d}(a+b)$$

把这些等式相加,给出
$$\bar{e}(b+c) = e(\bar{b}+\bar{c})$$

由此推出,点 O,E,N 也共线.

13.4 求证:存在集合 $\{1,2,\cdots,2^{1996}-1\}$ 的子集 A 具有以下性质:

a)1 与 $2^{1996}-1$ 属于 A;

b)A 的每个元素(除 1 外)是 A 的两个(不一定不同)元素的和;

c)A 的元素个数不大于 2 012.

(罗马尼亚)

证 令 $f(x)$ 是集合 $A \subset \{1,2,\cdots,2^n-1\}$ 的元素的最小个数,满足条件 a) 与 b). 例如 $f(3) \leqslant 5$,因为集合
$$A = \{1,2,3,6,7\} \subset \{1,2,3,4,5,6,7\}$$
满足所要求的条件. 于是我们要证明 $f(1\,996) \leqslant 2\,012$.

首先注意
$$f(n+1) \leqslant f(n) + 2 \tag{1}$$
实际上,如果 $A \subset \{1,2,\cdots,2^n-1\}$ 满足条件 a) 与 b),那么从而有
$$B = A \cup \{2^{n+1}-2, 2^{n+1}-1\}$$
因为
$$2^{n+1}-2 = 2(2^n-1)$$
与
$$2^{n+1}-1 = 1+(2^{n+1}-2)$$
又注意到
$$f(2n) \leqslant f(n)+n+1 \tag{2}$$
这是因为
$$B = A \cup \{2(2^n-1), 2^2(2^n-1),\cdots,2^n(2^n-1), 2^{2n}-1\}$$
满足 a) 与 b):对于 $k=0,1,\cdots,n-1$
$$2^{k+1} \cdot (2^n-1) = 2 \cdot 2^k \cdot (2^n-1)$$
与
$$2^{2n}-1 = 2^n(2^n-1)+(2^n-1)$$
现在我们根据 f 的自变量的奇偶性,依次利用(1)与(2),可以得出 $f(m)$ 的上估计.

为了减少计算,注意,(1)与(2)蕴含
$$f(2n+1) \leqslant f(n) + n + 3$$
简单的归纳法证明了
$$f(2^k(2n+1)) \leqslant f(n) + k + m + 3 + (2n+1)(2^k - 1)$$
因为 $1\,996 = 2^2 \times 499 = 2^2 \times (2 \times 249 + 1)$,所以有
$$f(1\,996) \leqslant f(249) + 1\,751$$
用相同方法得出
$$f(249) \leqslant f(124) + 127$$
$$f(124) \leqslant f(15) + 113$$
$$f(15) \leqslant f(7) + 10$$
$$f(7) \leqslant f(3) + 6$$
正如我们看到的
$$f(3) \leqslant 5$$
相加,得出
$$f(1\,996) \leqslant 2\,012$$
这正是所需要的结果.

评述　这个结果可以改进[①]. 实际上,如果把附加条件 $7 \in A$ 加到集合 A 上,那么以下不等式成立
$$f(n+3) \leqslant f(n) + 4 \tag{3}$$
为了证明此式,注意,如果 $A \subset \{1, 2, \cdots, 2^n - 1\}$ 并且满足条件 a),b) 与 $7 \in A$,那么算出
$$B = A \cup \{2^{n+1} - 2, 2^{n+2} - 4, 2^{n+3} - 8, 2^{n+3} - 1\}$$
我们现在有
$$f(1\,996) \leqslant f(499) + 1\,499$$
$$f(499) \leqslant f(496) + 4$$
$$f(496) \leqslant f(31) + 469$$
$$f(31) \leqslant f(28) + 4$$
$$f(28) \leqslant f(7) + 23$$
最后,同前有
$$f(7) \leqslant 11$$
相加,得出 $f(1\,996) \leqslant 2\,010$.

---

① 感谢 G·埃克斯坦(Eckstein)来信给出他的解法.

第14届巴尔干数学奥林匹克

希腊,1997

第14届巴尔干高中学生数学奥林匹克于1997年4月29日至5月4日在希腊的卡拉姆帕卡举行.参加国家仍然是9个:阿尔巴尼亚、保加利亚、塞浦路斯、前南斯拉夫的马其顿共和国、希腊、摩尔多瓦共和国、罗马尼亚、土耳其与南斯拉夫.

14.1 令点 O 是凸四边形 $ABCD$ 的内点,满足条件
$$OA^2 + OB^2 + OC^2 + OD^2 = 2[ABCD]$$
求证:四边形 $ABCD$ 是正方形,点 O 是它的中心.

(南斯拉夫)

证 我们有
$$[ABCD] = [OAB] + [OBC] + [OCD] + [OAD]$$
但是
$$[OAB] = \frac{1}{2} OA \cdot OB \cdot \sin\angle AOB \leqslant \frac{1}{2} OA \cdot OB$$
利用类似不等式,得出
$$2[ABCD] \leqslant OA \cdot OB + OB \cdot OC + OC \cdot OD + OD \cdot OA \tag{1}$$
另一方面,柯西-施瓦兹不等式得出
$$OA \cdot OB + OB \cdot OC + OC \cdot OD + OD \cdot OA \leqslant \tag{2}$$
$$OA^2 + OB^2 + OC^2 + OD^2$$
当且仅当
$$\frac{OA}{OB} = \frac{OB}{OC} = \frac{OC}{OD} = \frac{OD}{OA}$$
时,即当且仅当 $OA = OB = OC = OD$ 时,(2) 中等号成立.

本题的假设要求,不等式(1)与(2)中等式成立.因此 $OA = OB = OC = OD$,且
$$\sin\angle AOB = \sin\angle BOC = \sin\angle COD = \sin\angle DOA = 1$$
这就证明了四边形 $ABCD$ 是正方形,点 O 是它的中心.

评述 更加简单的不等式可以用来解答这个问题
$$2[ABCD] = \sum OA \cdot OB \cdot \sin\angle AOB \leqslant$$
$$OA \cdot OB \leqslant \sum \frac{OA^2 + OB^2}{2} = \sum OA^2$$
我们推出 $\sin\angle AOB = 1, OA = OB$ 与类似的等式.结论马上可得出.

14.2 令 $m, n \geqslant 2$ 是整数,S 是含有 n 个元素的集合,$A_1, A_2, \cdots, A_m$ 是 S 满足以下条件的已知子集:对于 S 的任意 2 个不同元素 x, y,有子集 A_i,使 $x \in A_i, y \notin A_i$ 或 $x \notin A_i, y \in A_i$. 求证:$2^m \geqslant n$.

(南斯拉夫)

证 1 令 $S = \{x_1, x_2, \cdots, x_n\}$,令 $A = (a_{ij})_{\substack{1 \leqslant i \leqslant m \\ 1 \leqslant j \leqslant n}}$ 是子集 $A_1, A_2, \cdots, A_m$ 族的关联矩阵,即
$$a_{ij} = \begin{cases} 1, x_j \in A_i \\ 0, x_j \notin A_i \end{cases}$$
已知条件表示 A 的各列是不同的. 这个条件可以读作:函数使 A 的列 C_j 中元素 x_j 的映射是一对一的. 所有列的个数是 2^m,S 的大小是 n,因此 $n \leqslant 2^m$.

证 2 对于任一整数 $k, 0 \leqslant k \leqslant m$ 与任一有序数列 $1 \leqslant i_1 < i_2 < \cdots < i_k \leqslant m$,作一个集合
$$S_{i_1 i_2 \cdots i_k} = A_1 \cap \cdots \cap \overline{A}_{i_1} \cap \cdots \cap \overline{A}_{i_k} \cap \cdots \cap A_m$$
作包含
$$S_\phi = A_1 \cap \cdots \cap A_m$$
与
$$S_{12 \cdots m} = \overline{A}_1 \cap \cdots \cap \overline{A}_m$$
这些集合的个数是 2^m. 由假设知,S 的每个元素恰好属于集合 $S_{i_1 i_2 \cdots i_k}$ 之一. 这就证明了 $n \leqslant 2^m$.

14.3 考虑 3 个圆 C_1, C_2, Γ,使 C_1, C_2 分别与 Γ 内切于点 B, C,也外切于点 D. 令点 A 是圆 C_1 与圆 C_2 在 D 上的内公切线与圆 Γ 的交点之一. 此外,令点 K, L 是 AB, AC 分别与圆 C_1,圆 C_2 的交点,点 M, N 是 BC 与相同两圆的交点.

求证:直线 AD, KM, LN 通过同一点 P.

(希腊)

证 令点 P 是 KM 与 LN 的交点. 我们将证明,四边形 $ALPK$ 是平行四边形,AD 是它的对角线之一(图 14.1,图 14.2).

要点是证明 KL 是圆 C_1 与圆 C_2 的外公切线. 为此要证明
$$\angle O_1 KL = \angle O_2 LK = 90°$$
其中 O_1 与 O_2 是圆 C_1 与圆 C_2 的圆心.

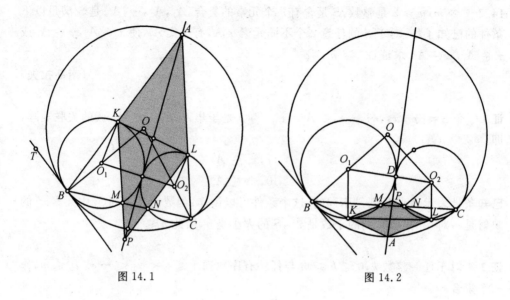

图 14.1　　　　　　　　图 14.2

由点幂定理有
$$AK \cdot AB = AD^2 = AL \cdot AC$$
于是
$$\frac{AK}{AC} = \frac{AL}{AB}$$
从而 $\triangle AKL \backsim \triangle ACB$. 由此得出
$$\angle AKL = \angle ACB, \angle ALK = \angle ABC$$
因为圆 Γ 与圆 C_1 在点 B 有公切线 BT, 所以有
$$\angle ABT \stackrel{m}{=} \frac{1}{2}\overparen{AB} = \frac{1}{2}\overparen{BK}$$
于是有 $\angle BKO_1 = \angle BAO$. 因此 $O_1K \parallel OA$, 且
$$\angle BKO_1 = 90° - \frac{1}{2}\angle BOA = 90° - \angle BCA = 90° - \angle AKL$$
这证明了 $O_1K \perp KL$. 用相同方法得出 $O_2L \perp KL$, 这样就证明了 KL 是公切线. 同样, 如果 Q 是 AD 与 KL 的交点, 那么有 $KQ = QD = QL$.

我们现在来证明 $MK \parallel AL$. 在 $\triangle BMK$ 与 $\triangle BCA$ 中有
$$\angle BMK = \frac{1}{2}\angle BO_1K = \frac{1}{2}\angle BOA = \angle BCA$$
与 $\angle KBM = \angle ABC$. 因此 $\angle BKM = \angle BAC$, 这就证明了 $MK \parallel AL$. 类似地, $NL \parallel AK$, 从而推出四边形 $ALPK$ 是平行四边形.

此外, 直线 AD 通过对角线 KL 的中点 Q, 因此它也是平行四边形 $ALPK$ 的对角线. 在把点 A 取作圆 Γ 与在 D 上的切线的第 2 个交点时, 类似的研究证明了这个结果.

14.4 求所有的函数 $f: \mathbb{R} \to \mathbb{R}$,使对于所有的实数 x 与 y,有
$$f(xf(x)+f(y))=(f(x))^2+y$$

(保加利亚)

解 把 $x=0$ 代入已知条件,对于所有的实数 y,给出
$$f(f(y))=f^2(0)+y \tag{3}$$
在以上等式中设 $y=y_0=-f(0)^2$,得出
$$f(f(y_0))=0$$
因此存在使 $f(x_0)=0$ 的 x_0.

对于 $x=x_0$ 与任意的 y,得出
$$f(f(y))=y$$
这证明了 f 是双射函数,且 $f^{-1}=f$,此外,与(3)比较就得出 $f(0)=0$.

因为 $f^{-1}=f$,所以我们可以在以上等式中同时把 x 换为 $f(x)$,把 $f(x)$ 换为 x,给出
$$f(f(x)x)=x^2$$
从而对于所有的实数 x,有
$$f(x)^2=x^2$$
这表示对于每个实数 x,$f(x)$ 等于 x 或 $-x$.

最后我们来证明,只有两个函数满足已知条件,即对于所有的 x,$f_1(x)=x$,且对于所有的 x,$f_2(x)=-x$.实际上,定义集合
$$A=\{x\in \mathbb{R}^* \mid f(x)=-x\}$$
$$B=\{x\in \mathbb{R}^* \mid f(x)=x\}$$
我们有 $A\cup B=\mathbb{R}^*$.如果两个集合是非空的,那么令 $a\in A, b\in B$.在已知条件中设 $x=a, y=b$,则得出
$$f(-a^2+b)=a^2+b$$
但是 $f(-a^2+b)$ 等于 $-a^2+b$ 或 $-(-a^2+b)=a^2-b$.由此得出 $a=0$ 或 $b=0$,矛盾.

容易看出,f_1 与 f_2 满足已知条件.

第15届巴尔干数学奥林匹克

塞浦路斯,1998

第15届巴尔干高中学生数学奥林匹克于1998年5月3日至9日在塞浦路斯的尼科西亚举行. 参加国家是8个:阿尔巴尼亚、保加利亚、塞浦路斯、前南斯拉夫的马其顿共和国、希腊、摩尔多瓦共和国、罗马尼亚与南斯拉夫.

15.1 求有限数列 $\lfloor \frac{k^2}{1998} \rfloor$ 不同项的个数,其中 $k=1,2,\cdots,1997$. ($\lfloor x \rfloor$ 表示实数 x 的整数部分).

(希腊)

解 令 $a_k = \frac{k^2}{1998}$,注意到

$$\frac{(k+1)^2}{1998} - \frac{k^2}{1998} = \frac{2k+1}{1998}$$

因此对于 $k \geq 999$,我们有 $a_{k+1} - a_k > 1$,这蕴含数 $a_{999}, a_{1000}, \cdots, a_{1997}$ 的999个整数部分是完全不同的.

另一方面,因为对于 $k \leq 998$,我们有 $a_{k+1} - a_k < 1$,所以由此得出,数 $a_1, a_2, \cdots, a_{998}$ 的每一个整数部分至少在数列 $0, 1, \cdots, 498 \lfloor \frac{998^2}{1997} \rfloor$ 中出现1次. 因此所要求的数是 $999 + 499 = 1498$.

15.2 令 $n \geq 2$ 是正整数,$0 < a_1 < a_2 < \cdots < a_{2n+1}$ 是实数. 求证:不等式

$$\sqrt[n]{a_1} - \sqrt[n]{a_2} + \sqrt[n]{a_3} - \cdots + \sqrt[n]{a_{2n+1}} < \sqrt[n]{a_1 - a_2 + a_3 - \cdots + a_{2n+1}}$$

(罗马尼亚)

证 我们来证明一个更一般的陈述.

引理 令 $I \subset \mathbb{R}$ 是任一区间,$f: I \to \mathbb{R}$ 是具有以下性质的函数:对于任意数 $a, b, c \in I$,使 $a < b < c$,由此推出

$$f(a) - f(b) + f(c) < f(a - b + c)$$

于是对于 I 中任意数 $a_1 < a_2 < \cdots < a_{2k+1}$,我们有

$$f(a_1) - f(a_2) + f(a_3) - \cdots + f(a_{2k+1}) < f(a_1 - a_2 + \cdots + a_{2k+1})$$

证 首先我们应该检验 $a - b + c \in I$,这是显然的,因为 $a < a - b + c < c$. 其次对 k 利用归纳法. 设这个陈述对 $k-1$ 成立,则

$$f(a_1) - f(a_2) + f(a_3) - \cdots + f(a_{2k+1}) <$$

$$f(a_1 - a_2 + \cdots + a_{2k-1}) - f(a_{2k}) + f(a_{2k+1})$$

如果记 $a = a_1 - a_2 + \cdots + a_{2k-1}, b = a_{2k}, c = a_{2k+1}$,那么注意到 $a < b < c$,从而

$$f(a_1 - a_2 + \cdots + a_{2k-1}) - f(a_{2k}) + f(a_{2k+1}) < f(a_1 - a_2 + \cdots + a_{2k+1})$$

引理得到了证明.

回到我们的问题,让我们来验证函数 $f:(0,+\infty) \to \mathbb{R}, f(x) = \sqrt[n]{x}$ 具有引理的性质. 令 $0 < a < b < c$. 我们来证明

$$\sqrt[n]{a} - \sqrt[n]{b} + \sqrt[n]{c} < \sqrt[n]{a - b + c}$$

把这个不等式写成形式

$$\sqrt[n]{b} - \sqrt[n]{a} > \sqrt[n]{c} - \sqrt[n]{a - b + c}$$

在两边取共轭,得出

$$\frac{b - a}{\sqrt[n]{b^{n-1}} + \cdots + \sqrt[n]{a^{n-1}}} > \frac{c - (a - b + c)}{\sqrt[n]{c^{n-1}} + \cdots + \sqrt[n]{(a - b + c)^{n-1}}}$$

这是正确的,因为 $b < c$ 与 $a < a - b + c$.

利用引理,我们推出,如果 $0 < a_1 < a_2 < \cdots < a_{2k+1}$,那么

$$\sqrt[n]{a_1} - \sqrt[n]{a_2} + \sqrt[n]{a_3} - \cdots + \sqrt[n]{a_{2k+1}} < \sqrt[n]{a_1 - a_2 + a_3 - \cdots + a_{2k+1}}$$

取 $k = n$ 就给出所要求的结果.

评述 不难看出,所有严格凹向下的函数有引理的性质. 实际上,如果 f 是严格凹向下的,且 $x_1 < x_2$,那么对于任一 $\lambda(0,1)$,有

$$\lambda f(x_1) + (1 - \lambda) f(x_2) < f(\lambda x_1 + (1 - \lambda) x_2)$$

令 $a < b < c$,则 $b = \lambda a + (1 - \lambda) c$,其中 $\lambda = \frac{c - b}{c - a} \in (0,1)$. 此外,$a - b + c = (1 - \lambda) a + \lambda c$. 因此我们有

$$\lambda f(a) + (1 - \lambda) f(c) < f(b)$$

与

$$(1 - \lambda) f(a) + \lambda f(c) < f(a - b + c)$$

相加,得出

$$f(a) + f(c) < f(b) + f(a - b + c)$$

这个不等式也可以从几何上看出,注意,区间 $[a,c]$ 与 $[b, a-b+c]$(或 $[a-b+c, b]$)有相同的中点(图 15.1).

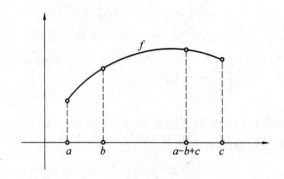

图 15.1

15.3 令 T 是 $\triangle ABC$ 的内点,S 是在 $\triangle ABC$ 的内部或边上所有点的集合(除 T 外). 求证:S 可以表示为闭线段的不相交的并集.(闭线段包含它的两端点)

(塞尔维亚 — 黑山)

证 1 在这个解答中,我们用 $[F]$ 表示图形 F 的内点或边界点的集合. 我们利用以下结果.

引理 令四边形 $KLMN$ 是凸四边形,则集合 $[KLMN]-[MN]$ 可以表示为闭线段不相交的并集.

证 设 KL 与 MN 相交于点 P,则 $[KLMN]-[MN]$ 是所有闭线段 $[XY]$ 的并集,其中 $X \in [KN]-\{N\}$,$Y \in [LM]-\{M\}$,且点 P,X,Y 共线(图 15.2). 如果 $KL \parallel MN$,那么取 XY 平行它们两者.

令点 D,E,F 是点 T 分别在边 BC,CA,AB 上的射影,那么我们有(图 15.3)
$$S = [ABC] - \{T\} = ([FBDT] - [TD]) \cup ([DCET] - [ET]) \cup ([TEAF] - [FT])$$
并且,集合 $[FBDT]-[TD],[DCET]-[ET],[TEAF]-[FT]$ 不相交,由引理,其中每个集合都可以表示为闭线段的不相交并集.

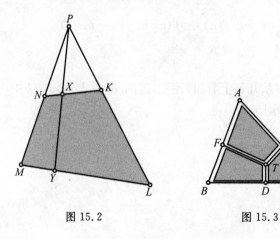

图 15.2　　　　图 15.3

评述 图 15.4 至 15.6 表明，S 怎样"充满"所要求的闭线段.

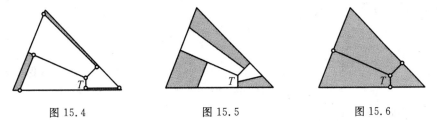

图 15.4　　　　　图 15.5　　　　　图 15.6

证 2 线段 TA，TB，TC 分这个三角形为三个较小的三角形，我们可以看出
$$S = [ABC] - \{T\} = ([ABT] - [AT]) \cup ([ACT] - [CT]) \cup$$
$$([BCT] - [BT])$$

(图 15.7). 此外，集合 $[ABT]-[AT]$，$[ACT]-[CT]$，$[BCT]-[BT]$ 显然是不相交的.

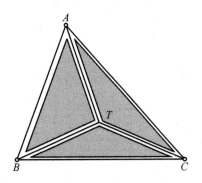

图 15.7

于是我们来证明，没有边的三角形怎样"充满"闭线段. 令 KLM 是三角形，点 K' 与 M' 是边 LM 与 KL 的中点. 考虑线段 KM 上的可变点 V，它不等于点 M (图 15.8). 设 LV 与 $K'M'$ 相交于点 V'，令点 W 是线段 LM 上的点，使 $V'W \parallel LM$ (如果 $V=K$，那么取 $W=M'$). 因为 $V \neq M$，所以由此推出 $W \neq L$.

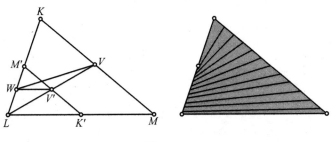

图 15.8

我们可以看出，$[KLM]-[LM]$ 是所有闭线段 $[VW]$ 的并集.

15.4 求证：方程
$$y^2 = x^5 - 4$$
没有整数解.

（保加利亚）

证 把方程写成形式
$$y^2 + 4 = x^5$$
y^2 除以 11 时的余数是 0,1,3,4,5 或 9.从而 y^2+4 除以 11 时的余数是 2,4,5,7,8 或 9.把方程两边平方，得出
$$(y^2+4)^2 = x^{10}$$
$(y^2+4)^2$ 除以 11 时的余数是 3,4,5 或 9.但是利用费马小定理，我们可以推出，x^{10} 除以 11 时的余数是 0 或 1.这就证明了这个方程没有整数解.

第 16 届巴尔干数学奥林匹克

马其顿,1999

第 16 届巴尔干高中学生数学奥林匹克于 1999 年 5 月 5 日至 10 日在马其顿的奥茨利德举行.由于在南斯拉夫与马其顿的边界附近发生科索沃战争,所以只有 4 个国家参加这届竞赛:阿尔巴尼亚、保加利亚、马其顿与罗马尼亚.

16.1 已知锐角 $\triangle ABC$,令 D 是它的外接圆的弧 BC 的中点,弧 BC 不包含点 A. 与点 D 关于直线 BC 对称的点和外心分别用 E 与 F 表示. 最后令 K 是线段 EA 的中点. 求证:

a) 通过 $\triangle ABC$ 各边中点的圆也通过 K;

b) 通过 K 与 BC 的中点的直线垂直于 AF.

(土耳其)

证 1 a) 注意,通过 $\triangle ABC$ 各边中点 A',B',C' 的圆是外接圆位似变换所得的像,此变换的中心是 H,比是 $\frac{1}{2}$. 实际上,令 A'' 是外接圆上的点,使 AA'' 是直径. 于是(图 16.1)$\triangle BCI$ 与 $\triangle AA''C$ 都是直角三角形,因此

$$\angle HBC = 90° - \angle ACB = \angle BCA''$$

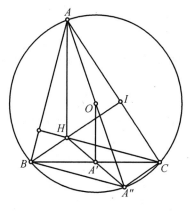

图 16.1

由此推出 $HB \parallel A''C$. 类似地,$HC \parallel A''B$,从而四边形 $A''BHC$ 是平行四边形. 这蕴含 A' 是线段 HA'' 的中点,于是 A' 是点 A'' 位似变换所得的像,此变换的比是 $\frac{1}{2}$,中心是 H. 显然,相同的位似变换把 $\triangle ABC$ 的外接圆变为通过三角形各边中点的圆. 同样注意到在 $\triangle AHA''$ 中,OA' 是中位线,因此 $AH = 2OA'$.

现在因为 $\triangle ABC$ 是锐角三角形，所以 O 在它的内部，用 R 表示 $\triangle ABC$ 的外接圆半径，我们有
$$EF = 2R - 2A'D = 2(R - A'D) = 2OA' = AH$$
因为也有线段 $EF \parallel AH$，所以由此推出四边形 $AFEH$ 是平行四边形，K 是它的对角线的交点。这就证明了 $HK = \dfrac{1}{2}HF$，因此 K 属于通过三角形各边中点的圆（图 16.2）。

b) 我们看出 A' 是线段 HA'' 的中点，K 是线段 HF 的中点。于是在 $\triangle HA''F$ 中，$A'K \parallel A''F$。但是因为 AA'' 是直径，所以 $\angle AFA''$ 是直角。从而推出 $A'K \perp AF$，这正是所要的结果（图 16.3）。

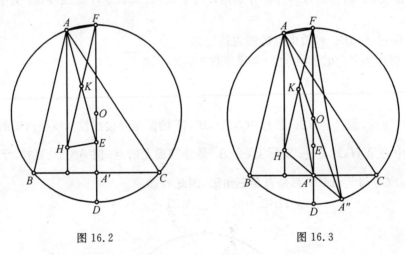

图 16.2　　　　　　　　　图 16.3

评述　通过三角形各边中点的圆被称为九点圆（欧拉圆或费尔巴哈圆）。关于九点圆更多的信息，请见附录。

证 2　我们利用复数，设 $\triangle ABC$ 的外接圆是复数平面内的单位圆，用 $a, b, c, \cdots$ 表示点 $A, B, C, \cdots$ 的复数附标，则 $h = a + b + c$，$d + e = b + c$。三角形各边中点分别有附标
$$\frac{b+c}{2}, \frac{a+c}{2}, \frac{a+b}{2}$$
我们又有
$$k = \frac{a+c}{2} = \frac{a}{2} + \frac{b+c-d}{2} = \frac{a+b+c-d}{2}$$
令 Ω 是九点圆的圆心。显然有
$$\omega = \frac{a+b+c}{2}$$
因为

$$\left|\omega - \frac{a+b}{2}\right| = \left|\omega - \frac{b+c}{2}\right| = \left|\omega - \frac{c+a}{2}\right| = \frac{|a|}{2} = \frac{1}{2}$$

此外

$$|\omega - k| = \left|\frac{a+b+c}{2} - \frac{a+b+c-d}{2}\right| = \frac{|d|}{2} = \frac{1}{2}$$

因为 D 在外接圆上. 从而推出 K 属于通过各边中点的圆.

对于问题的第 2 部分,我们要证明数

$$\frac{a-f}{k-a} = \frac{a+d}{\dfrac{a-d}{2}}$$

的实部等于 0. 这等价于

$$\frac{\bar{a}+\bar{d}}{\bar{a}-\bar{d}} = \frac{a+d}{a-d}$$

或者在简单的计算后,得出

$$|a|^2 = |d|^2$$

这是一个显然的等式.

这个解法证明了 $\triangle ABC$ 不必须是锐角三角形.

16.2 令 p 是使 3 整除 $p-2$ 的质数. 令
$$S = \{y^2 - x^3 - 1 \mid x, y \text{ 是整数且 } 0 \leqslant x, y \leqslant p-1\}$$
求证:集合 S 至多有 p 个元素被 p 整除.

(保加利亚)

证 我们来计算模 p. 令 $\mathbb{F}_p$ 表示整数模 p 的有限类域. 利用以下众所周知的结果:

引理 域 $\mathbb{F}_p$ 包含 $\dfrac{p-1}{2}$ 个非零完全平方数.

证 考虑函数 $f: \mathbb{F}_p \to \mathbb{F}_p, f(x) = x^2$,则 x 与 $-x$ 给出相同元素. 此外,如果 $x^2 = y^2$,那么 $(x-y)(x+y) = 0$,于是 $x = y$ 或 $x = -y$. 因此 f 的像包含 $\mathbb{F}^*$ 的元素的一半,即 $\dfrac{p-1}{2}$.

回到我们的问题,考虑函数 $g: \mathbb{F}_p \to \mathbb{F}_p, g(x) = x^3 + 1$. 这个函数是一对一的,从而是双射的. 实际上,如果 $x, y \neq 0, x^3 + 1 = y^3 + 1$,那么 $x^3 = y^3$,因此 $(xy^{-1})^3 = 1$. 因为最大公因数 $(p-1, 3) = 1$,所以群 $\mathbb{F}^*$ 不含 3 次的元素,从而 $xy^{-1} = 1$,即 $x = y$. 当 $x^3 + 1 = 0^3 + 1 = 1$ 时,得出 $x = 0$.

当 x 取遍 $\mathbb{F}_p$ 的所有元素时, $x^3 + 1$ 也取遍 $\mathbb{F}_p$ 的所有元素. 其中有 $\dfrac{p-1}{2}$ 个是非零完全平方数,这种形式的每个元素恰是 2 个元素的平方数. 因此,形如 $y^2 = x^3 + 1$ 的等式对 $\mathbb{F}_p$ 的 $p-1$ 个非零元素可以成立. 加上情形 $0^2 = 0$,就给出这个结果.

16.3 令 △ABC 是锐角三角形，令 P,M,N 分别是重心 G 在边 AB,BC,CA 上的正投影. 求证

$$\frac{4}{27} \leqslant \frac{[MNP]}{[ABC]} \leqslant \frac{1}{4}$$

（阿尔巴尼亚）

证 1 令 A' 是线段 BC 的中点，K 是点 A 在 BC 上的正射影（图 16.4）.

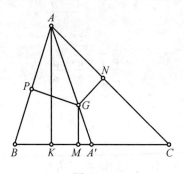

图 16.4

在 △AKA′ 中，GM ∥ AK，我们有 $GM = \frac{1}{3}AK = \frac{1}{3}h_a$. 类似地，$GN = \frac{1}{3}h_b$，$GP = \frac{1}{3}h_c$. 令 S 表示 △ABC 的面积.

利用正弦定理与循环求和法，我们有

$$[MNP] = \sum [MGN] = \frac{1}{18}\sum h_a h_b \sin C$$

$$= \frac{1}{18}\sum \frac{4S^2}{ab}\sin C = \frac{1}{18}\sum \frac{4S^2 c}{abc}\sin C$$

$$= \frac{1}{18}\sum \frac{4S^2}{4RS}\cdot\frac{c^2}{2R} = \frac{1}{36}S\sum \frac{c^2}{R}$$

于是我们要证明不等式

$$\frac{4}{27} < \frac{a^2+b^2+c^2}{36R^2} \leqslant \frac{1}{4}$$

上界等价于

$$a^2 + b^2 + c^2 \leqslant 9R^2$$

这是以下众所周知等式的推论

$$OH^2 = 9R^2 - (a^2 + b^2 + c^2)$$

此等式对任意三角形成立（见附录，"莱布尼茨关系式"）. 值得提出，对这个不等式来说，不需要假设 △ABC 是锐角三角形.

对于下界，以下论证有效：因为 △ABC 是锐角三角形，所以垂心 H 在它的内部，

因此,$O \leqslant OH < R$.

于是不等式
$$OH^2 = 9R^2 - (a^2 + b^2 + c^2) < R^2$$

给出
$$\frac{4}{27} < \frac{2}{9} < \frac{a^2 + b^2 + c^2}{36R^2}$$

证 2 利用正弦定理,二重不等式
$$\frac{2}{9} < \frac{a^2 + b^2 + c^2}{36R^2} \leqslant \frac{1}{4}$$

变为
$$2 < \sin^2 A + \sin^2 B + \sin^2 C \leqslant \frac{9}{4} \tag{1}$$

利用少数基本三角公式,得出
$$\sin^2 A + \sin^2 B + \sin^2 C = \frac{1 - \cos 2A}{2} + \frac{1 - \cos 2B}{2} + 1 - \cos^2 C$$
$$= 2 - \frac{\cos 2A + \cos 2B}{2} - \cos^2 C$$
$$= 2 - \cos(A+B)\cos(A-B) - \cos^2 C$$
$$= 2 + \cos C\cos(A-B) - \cos^2 C$$

(1) 中的下界现在容易证明
$$2 < 2 + \cos C\cos(A-B) - \cos^2 C$$

等价于
$$0 < \cos C(\cos(A-B) - \cos C)$$

或
$$0 < 2\cos A\cos B\cos C$$

它在任意三角形中成立.

对于上界,注意
$$2 + \cos C\cos(A-B) - \cos^2 C \leqslant \frac{9}{4}$$

可以写为
$$0 \leqslant 4\cos^2 C - 4\cos C\cos(A-B) + 1$$

它等价于显然的
$$0 \leqslant (2\cos C - \cos(A-B))^2 + \sin^2(A-B)$$

证 3 我们来证明二重不等式
$$8 < \frac{a^2 + b^2 + c^2}{R^2} \leqslant 9$$

设 $a \geq b \geq c$，令 x 是从 O 到边 BC 的距离（图 16.5）．显然，三角形的最大边不能短于内接于同一圆的等边三角形的边，因此 $x \leq \dfrac{R}{2}$．现在设点 B 与 C 是固定的，考虑优弧 BC 上的点 A_1 与 A_2，使 $CA_1 = BA_2 = BC$．因为 $AB \leq BC$，$AC \leq BC$，所以点 A 在劣弧 $A_1 A_2$ 上．线段 AD 是 $\triangle ABC$ 的中线，因此
$$4AD^2 = 2(AB^2 + AC^2) - BC^2$$
我们推出 $b^2 + c^2$ 与 AD 同时达到它的最小值，即当 A 与 A_1 或 A_2 重合时达到这个最小值（注意，劣弧 $A_1 A_2$ 上的点在以 D 为圆心与以 $A_1 D$ 为半径的圆外部）．设 $A = A_1$，则 $b = a$，$c = \dfrac{2ax}{R}$．利用等式 $a = 2\sqrt{R^2 - x^2}$，得出
$$a^2 + b^2 + c^2 = 2a^2 + \dfrac{4a^2 x^2}{R^2} = 8R^2 \left(1 - \dfrac{x^2}{R^2}\right)\left(1 + \dfrac{2x^2}{R^2}\right)$$
记 $t = \dfrac{x^2}{R^2}$，我们有 $0 < t \leq \dfrac{1}{4}$ 与
$$a^2 + b^2 + c^2 = 8R^2(-2t^2 + t + 1)$$
函数 $f:\left(0, \dfrac{1}{4}\right] \to \mathbb{R}$ 是严格递增的，因此
$$a^2 + b^2 + c^2 > 8R^2 f(0) = 8R^2$$
从而
$$8 < \dfrac{a^2 + b^2 + c^2}{R^2}$$

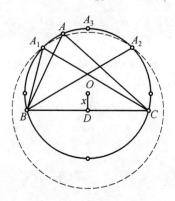

图 16.5

对于第 2 个不等式，注意 $b^2 + c^2$ 当 $A = A_3$（$\widehat{A_1 A_2}$ 的中点）时达到它的最大值．在这种情形中，我们得出
$$a^2 + b^2 + c^2 = 2R^2(-2t^2 + 2t + 4)$$
其中 $t = \dfrac{x}{R}$．我们有 $0 < t \leq \dfrac{1}{2}$，注意，当 $t = \dfrac{1}{2}$ 时得到函数 $g:\left(0, \dfrac{1}{2}\right] \to \mathbb{R}$，$g(t) = -2t^2 + 2t + 4$ 的最大值，等于 $\dfrac{9}{2}$．因此

$$a^2 + b^2 + c^2 \leqslant 2R^2 \frac{9}{2} = 9R^2$$

它蕴含
$$\frac{a^2 + b^2 + c^2}{R^2} \leqslant 9$$

这正是所要求的结果.

评述 不等式
$$\frac{2}{9} < \frac{a^2 + b^2 + c^2}{36R^2}$$

不能改进. 实际上, 作为极限情形, 如果 $\triangle ABC$ 是直角三角形, $\angle A = 90°$, 那么 $a^2 = b^2 + c^2 = 4R^2$, 因此

$$\frac{a^2 + b^2 + c^2}{36R^2} = \frac{8R^2}{36R^2} = \frac{2}{9}$$

16.4 令 $0 \leqslant x_0 \leqslant x_1 \leqslant \cdots \leqslant x_n \leqslant \cdots$ 是非负递增整数数列, 使得对于每个 $k \geqslant 0$, 不大于 k 的数列的项数是有限的, 例如说 y_k. 求证: 对于所有的正整数 m, n, 以下不等式成立

$$\sum_{k=0}^{n} x_i + \sum_{j=0}^{m} y_j \geqslant (n+1)(m+1)$$

(罗马尼亚)

证1 首先注意, 数列 $\{y_k\}_{k \geqslant 0}$ 也是递增的, 它有一个"对偶性质": 不大于 k 的数列 $\{y_k\}_{k \geqslant 0}$ 的项数等于 x_k. 实际上, 如果我们有
$$0 \leqslant y_0 \leqslant y_1 \leqslant \cdots \leqslant y_{i-1} \leqslant k < y_i$$
那么数列 $\{x_n\}_{n \geqslant 0}$ 至多有 k 项小于或等于 i, 因此 $x_k = i$.

令 m 与 n 是正整数. 因为等于 k 的数列 $\{x_n\}_{n \geqslant 0}$ 的项数是 $y_k - y_{k-1}$, 所以有
$x_0 + x_1 + \cdots + x_n =$
$(y_1 - y_0) + 2(y_2 - y_1) + \cdots + (a-1)(y_{a-1} - y_{a-2}) + ar_a$

其中 $a = x_n$, r_a 是集合 $\{x_0, x_1, \cdots, x_n\}$ 中等于 a 的元素个数, 显然 $r_a = n + 1 - y_{a-1}$.
我们用相同方法得出
$y_0 + y_1 + \cdots + y_m =$
$(x_1 - x_0) + 2(x_2 - x_1) + \cdots + (b-1)(x_{b-1} - x_{b-2}) + br_b$

其中 $b = y_m$, $r_b = m + 1 - x_{b-1}$.

相加给出
$2(x_0 + x_1 + \cdots + x_n + y_0 + y_1 + \cdots + y_m) =$
$a(n+1) + b(m+1) + x_b + x_{b+1} + \cdots + x_n + y_a + y_{a+1} + \cdots + y_m$

当 $k \geqslant b$ 时,$x_k \geqslant x_b \geqslant m+1$,因为 $y_m = b$,所以用相同方法得出,当 $k \geqslant a$ 时 $y_k \geqslant n+1$.

由此推出
$$2(x_0 + x_1 + \cdots + x_n + y_0 + y_1 + \cdots + y_m) \geqslant$$
$$(n+1) + (m+1) + (n+1-b)(m+1) + (m+1-a)(n+1) =$$
$$2(n+1)(m+1)$$
这正是所要求的结果.

证 2 我们对 $n+m$ 利用归纳法. 基本情形是容易的,从而设对于使 $s+t \leqslant m+n$ 的所有值 s,t,不等式
$$\sum_{k=0}^{s} x_i + \sum_{j=0}^{t} y_j \geqslant (s+1)(t+1)$$
成立. 我们来证明两个不等式
$$\sum_{k=0}^{n+1} x_i + \sum_{j=0}^{m} y_j \geqslant (n+2)(m+1) \tag{2}$$
与
$$\sum_{k=0}^{n} x_i + \sum_{j=0}^{m+1} y_j \geqslant (n+1)(m+2) \tag{3}$$
对于第 1 个不等式,注意,如果 $x_{n+1} \geqslant m+1$,那么(2)容易从下式推出
$$\sum_{k=0}^{n} x_i + \sum_{j=0}^{m} y_j \geqslant (n+1)(m+1) \tag{4}$$
设 $x_{n+1} = m-k$,其中 $0 \leqslant k \leqslant m$,则
$$y_{m-k}, y_{m-k+1}, \cdots, y_m \geqslant n+2$$
(数列 $\{x_n\}$ 中至少有 $n+2$ 项小于或等于 $m-k$). 由此推出
$$y_{m-k} + y_{m-k+1} + \cdots + y_m \geqslant (k+1)(n+2)$$
由归纳法,假设我们有
$$\sum_{k=0}^{n+1} x_i + \sum_{j=0}^{m-k-1} y_j \geqslant (n+2)(m-k)$$
把最后两个不等式相加,给出
$$\sum_{k=0}^{n+1} x_i + \sum_{j=0}^{m} y_j \geqslant (n+2)(m-k) + (k+1)(n+2) = (n+2)(k+1)$$

这正是所需要的结果.

对于(3),注意,如果 $y_{m+1} \geqslant n+1$,那么所要求的不等式也从(4)推出. 设 $y_{m+1} = n-k$,其中 $0 \leqslant k \leqslant n$,则
$$x_{n-k}, x_{n-k+1}, \cdots, x_n \geqslant m+2$$
(在数列 $\{x_n\}$ 中只有前 $n-k$ 项小于或等于 $m+1$),从而
$$x_{n-k} + x_{n-k+1} + \cdots + x_n \geqslant (m+2)(k+1)$$

由归纳假设法,有
$$\sum_{k=0}^{n-k-1} x_i + \sum_{j=0}^{m+1} y_j \geqslant (n-k)(m+2)$$

相加给出
$$\sum_{k=0}^{n} x_i + \sum_{j=0}^{m+1} y_j \geqslant (n-k)(m+2) + (m+2)(k+1) = (n+1)(m+2)$$

评述 这两个不等式的几何解释表明,所述不等式是杨氏积分不等式的离散形式(见附录).

实际上,把 x_k 看作在 Ox 轴上作出的矩形面积,它的底边是区间 $[k,k+1]$,它的高等于 x_k(图 16.6,在这个情形中,各个首项是 $0,1,1,2,4,5,7,7,9,9$). 不难看出,$\{y_n\}$ 的各项等于各水平矩形的面积,这些矩形位于 Oy 轴与 $x-$ 矩形之间(如图 16.7,我们看出 $\{y_n\}$ 的各个首项实际上是 $1,3,4,4,5,6,6,8,8,11,\cdots$). 不等式由显然的理由推出(如图 16.8,其中 $n=8, m=4$).

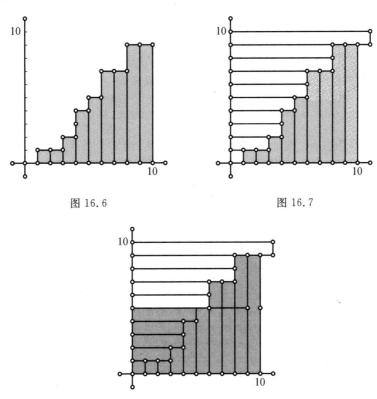

图 16.6 图 16.7

图 16.8

同样,我们可以看出,当点 (n,m) 在 $x-$ 区域与 $y-$ 区域之间的边界上时,得到等式.

第17届巴尔干数学奥林匹克

摩尔多瓦共和国,2000

第17届巴尔干高中学生数学奥林匹克于2000年5月3日至9日在摩尔多瓦共和国的奇西纳乌举行.参加国家是9个:阿尔巴尼亚、保加利亚、塞浦路斯、前南斯拉夫的马其顿共和国、希腊、摩尔多瓦共和国、罗马尼亚、土耳其与南斯拉夫.

17.1 求满足以下性质的所有函数 $f: \mathbb{R} \to \mathbb{R}$,对于所有实数 x 与 y,有
$$f(xf(x)+f(y))=f^2(x)+y$$

(阿尔巴尼亚)

解 本题与问题 14.4 相同. 这个情况可以看作是巴尔干数学奥林匹克的一个缺点.①

17.2 令 $\triangle ABC$ 是不等腰的锐角三角形,点 D 是线段 BC 的中点,点 E 是中线 AD 的内点,点 F 是点 E 在直线 BC 上的正射影.令点 M 是线段 EF 的内点,点 N,P 是点 M 分别在直线 AC 与 AB 上的正射影.求证:$\angle PMN$ 与 $\angle PEN$ 的角平分线平行.

(前南斯拉夫的马其顿共和国)

证 通过点 E 作出 BC 的平行线分别与边 AB,AC 相交于点 B',C'. 不难看出,点 E 是线段 $B'C'$ 的中点,从而 ME 是 $B'C'$ 的垂直平分线. 由此推出 $\triangle MB'C'$ 是等腰三角形,这样 $\angle MB'E = \angle MC'E$.

因为 $\angle MPB' = \angle MEB' = 90°$,所以四边形 $MPB'E$ 是循环的(即圆内接四边形),于是 $\angle MPE = \angle MB'E$. 类似地,$\angle MNE = \angle MC'E$. 我们推出,在四边形 $MPEN$ 中对角 $\angle MPE = \angle MNE$. 这个四边形可以是凸的(图 17.1)或凹的(图 17.2),但是在这两种情形中,我们将证明 $\angle PMN$ 与 $\angle PEN$ 的角平分线平行.

如果四边形 $MPEN$ 是凸的,那么设 $\angle PMN$ 的角平分线与线段 EP 相交于点 K(图 17.3).把四边形 $MPEN$ 的所有角相加,给出
$$2\alpha + 2\beta + 2\gamma = 360°$$
从而
$$\alpha + \beta + \gamma = 180°$$
这蕴含 $\angle PKM = \beta$,因此 $\angle PMN$ 与 $\angle PEN$ 的角平分线平行.

如果四边形 $MPEN$ 是凹的(图 17.4),那么我们有

---

① 这种不令人满意的情况表明,怎样编写包含数学竞赛的图书或文章才是有益的.

$$2\alpha + (360° - 2\beta) + 2\gamma = 360°$$

因此
$$\alpha + \gamma = \beta$$

这表示外角 $\angle PKK'$ 等于 β,容易推出结论.

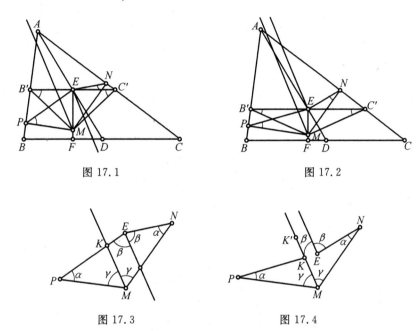

图 17.1　　　　　　　图 17.2

图 17.3　　　　　　　图 17.4

17.3 $1 \times 10\sqrt{2}$ 矩形可以从已知的 50×90 矩形沿平行于已知矩形的边切开. 求 $1 \times 10\sqrt{2}$ 矩形的最大个数.

（南斯拉夫）

解 1 我们可以设矩形 $ABCD$ 的顶点在格点 $A(0,0), B(0,50), C(90,50), D(90,0)$ 上. 在这个矩形中有 50 个尺寸为 1×90 的带形,平行于 AD 与 BC. 因为
$$60\sqrt{2} < 90 < 70\sqrt{2}$$
每个这样的带形包含 6 个 $1 \times 10\sqrt{2}$ 的水平矩形. 于是考虑点 $E(60\sqrt{2}, 0)$ 与 $F(60\sqrt{2}, 50)$,则矩形 $AEFB$ 被 $6 \times 50 = 300$ 个尺寸为 $1 \times 10\sqrt{2}$ 的矩形所覆盖(图 17.5).

还需要用 $1 \times 10\sqrt{2}$ 的带形来覆盖矩形 $EFCD$. 因为
$$5 < 90 - 60\sqrt{2} < 6$$
与
$$30\sqrt{2} < 50 < 40\sqrt{2}$$
所以我们可以用 5 个 $1 \times 30\sqrt{2}$ 的带形来覆盖它,然后把每个带形切成 3 个较小的

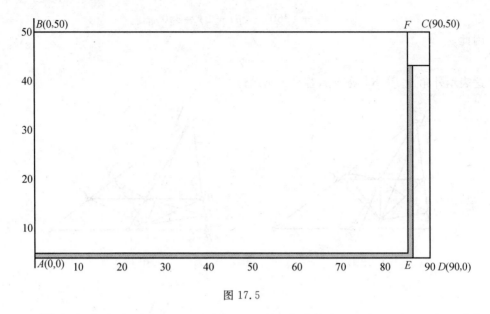

图 17.5

$1 \times 10\sqrt{2}$ 矩形. 这表示,我们可以用原来的矩形切成总数为 $300+15=315$ 个尺寸为 $1 \times 10\sqrt{2}$ 的矩形.

我们将证明这个数 315 是最大的. 考虑直线族
$$x+y=10k\sqrt{2}$$
其中 $k \geqslant 1$ 是整数, 因为它们与矩形 $ABCD$ 相交(图 17.6).

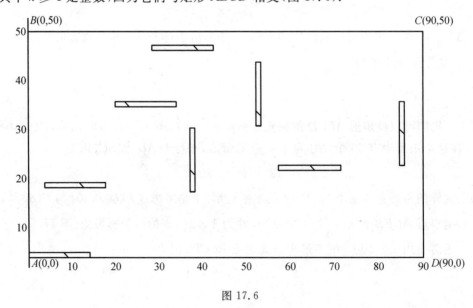

图 17.6

由矩形 $ABCD$ 内这些直线确定的线段总长度是 $570\sqrt{2}-360$. 如果这些线段与 $1 \times 10\sqrt{2}$ 矩形相交(这个矩形的边平行于矩形 $ABCD$ 的边), 那么在这个矩形内所确定的线段总长度等于 $\sqrt{2}$. 当 $1\times 10\sqrt{2}$ 矩形只与一条线段相交时,这是显然的,但是容易看出,当小矩形与两条线段相交时,这同样成立(图 17.7).

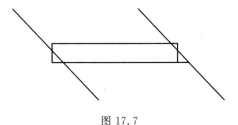

图 17.7

显然矩形个数不大于

$$\left\lfloor \frac{570\sqrt{2}-360}{\sqrt{2}} \right\rfloor = \lfloor 570-180\sqrt{2} \rfloor = 315$$

因此以上作出的矩形族是最大的,所要求的数是 315.

解 2 求证的第 2 部分有另一个证法. 作相距 $5\sqrt{2}$ 个单位的水平直线与竖直直线,这样把 50×90 矩形分成 84 个正方形与 20 个较小矩形. 把它们涂上黑色或白色,形成棋盘形式(图 17.8).

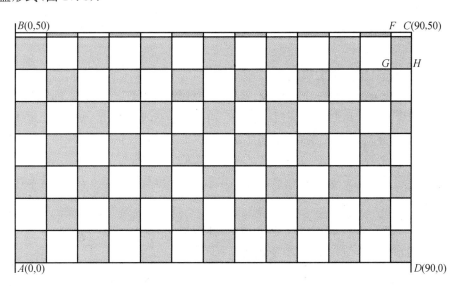

图 17.8

不难看出,各边平行于坐标轴的 $1\times 10\sqrt{2}$ 矩形覆盖白色区域的面积等于 $5\sqrt{2}$,不管它的位置在 50×90 矩形内部. 我们要确定白色区域的总面积. 为此,注意,不包含矩形 $FCHG$ 的平面 $ABCD$ 在黑色区域与白色区域中间被平分. 因此在矩形 $FCHG$ 外部的白色区域面积等于

$$\frac{50\times 90-[FCHG]}{2}=\frac{4\,500-(90-60\sqrt{2})\times(50-30\sqrt{2})}{2}=2\,850\sqrt{2}-1\,800$$

因为右上角小的白色矩形面积是

$$(50-35\sqrt{2})\times(90-60\sqrt{2})=8\,700-6\,150\sqrt{2}$$

所以白色区域面积等于 $6\,900-3\,300\sqrt{2}$. 最后我们得出

$$\frac{6\,900-3\,300\sqrt{2}}{5\sqrt{2}}=690\sqrt{2}-660\approx 315.807\,36\cdots < 316$$

这就证明这个结论.

17.4 如果正整数 r 有形式 $r=t^s$,其中 t,s 是整数,$t,s\geqslant 2$,那么称 r 是一个幂.
求证:对于任一整数 n,存在正整数集合 A 满足条件:

i) A 有 n 个元素;

ii) A 的每个元素是一个幂;

iii) 对于 A 中的任意 $r_1,r_2,\cdots,r_k(2\leqslant k\leqslant n)$,数

$$\frac{r_1+r_2+\cdots+r_k}{k}$$

是一个幂.

(罗马尼亚)

证 首先我们证明以下的引理.

引理 令 $n\geqslant 1$ 是一个正整数,则存在正整数 d,使数 $d,2d,\cdots,nd$ 是幂.

证 我们对 n 用归纳法证明. 对于 $n=1$ 或 $n=2$,取 $d=2^2$,则 $2^2,2^3$ 是幂. 设这个陈述对某个 n 成立,即存在 d 使

$$d=t_1^{s_1},2d=t_2^{s_2},\cdots,nd=t_n^{s_n}$$

其中 $t_i,s_i\geqslant 2$. 令 $m=$ 最小公倍数 $(s_1,s_2,\cdots,s_n)$,取 $D=(n+1)^m d^m$,则对于任一 i,$1\leqslant i\leqslant n$,有

$$iD=id[(n+1)d]^m=t_i^{s_i}[(n+1)d]^m=\{t_i[(n+1)d]^{\frac{m}{s_i}}\}^{s_i}$$

与 $(n+1)D=[(n+1)d]^{m+1}$. 于是各数

$$D,2D,\cdots,nD,(n+1)D$$

都是幂,我们的引理得到了证明.

回到这个问题,我们把引理应用到数 $n\cdot n!$. 存在一个数 d,使各数 $d,2d,\cdots,n\cdot n!\,d$ 都是幂. 考虑集合

$$A=\{n!\,d,2n!\,d,\cdots,n\cdot n!\,d\}$$

它有 n 个元素,它们全都是幂. 令 $r_1,r_2,\cdots,r_k$(其中 $1\leqslant k\leqslant n$)是 A 的元素,则对于一些整数 $a_i,1\leqslant a_i\leqslant n$,可以写出 $r_i=a_i n!\,d$. 我们有

$$\frac{r_1+r_2+\cdots+r_k}{k}=\frac{n!}{k}(a_1+a_2+\cdots+a_k)d=md$$

其中

$$m=\frac{n!}{k}(a_1+a_2+\cdots+a_k)$$

是整数. 因为 $a_1+a_2+\cdots+a_k\leqslant nk$, 所以由此推出 $m\leqslant n\cdot n!$ 因此, 数

$$\frac{r_1+r_2+\cdots+r_k}{k}$$

是幂. 于是集合 A 满足所有要求的条件.

第18届巴尔干数学奥林匹克

南斯拉夫,2001

第18届巴尔干高中学生数学奥林匹克于2001年5月3日至9日在南斯拉夫的贝尔格莱德举行.参加国家是7个:保加利亚、塞浦路斯、前南斯拉夫的马其顿共和国、希腊、罗马尼亚、摩尔多哈共和国与南斯拉夫.

18.1 令 n 是正整数.求证:如果 a 与 b 是大于1的整数,使 $2^n - 1 = ab$,那么数 $ab - (a-b) - 1$ 具有形式 $k2^{2m}$,其中 k 是奇数,m 是正整数.

(塞浦路斯)

证 本题要求证明,在数 $N = ab - (a-b) - 1$ 的质数分解中质数2的指数是正偶数.数 N 可以写为 $N = (a+1)(b-1)$.因为 a 与 b 是奇数,所以 N 中2的指数与 aN 中2的指数相同.我们有

$$aN = (a+1)(ab-a) = (a+1)[2^n - (a+1)]$$

因为 $a+1 < 2^n$,所以 $a+1$ 中2的指数小于 n,因此 $2^n - (a+1)$ 中2的指数等于 $a+1$ 中2的指数.这就证明这个结果.

18.2 我们已知一个凸五边形,满足以下条件:
(1) 它的所有内角相等;
(2) 它的所有边长是有理数.
求证:这个五边形是正五边形.

(摩尔多哈共和国)

证1 令五边形 $ABCDE$ 是已知凸五边形.设直线 AB 与 DE 相交于点 K,直线 AB 与 CD 相交于点 L(图18.1).

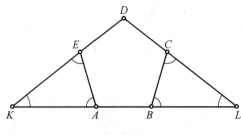

图 18.1

$\triangle AEK$ 与 $\triangle BCL$ 均是等腰三角形且相似,因为每个三角形有两个72°角与一

个 $36°$ 角. 三角计算证明了
$$\frac{AE}{EK}=\frac{BC}{CL}=2\cos 72° \quad (1)$$

$\triangle DKL$ 也是等腰三角形,因为 $\angle AKD = \angle BLD = 36°$. 于是 $DE + EK = DC + CL$. 设 $DE \neq DC$,则 $EK \neq CL$,我们由(1)推出
$$2\cos 72° = \frac{AE-BC}{EK-CL} = \frac{AE-BC}{DC-DE}$$
因为五边形的边长是有理数,所以以上等式蕴含 $\cos 72°$ 是有理数,我们将证明这不成立,从而 $DE = DC$. 类似地,由此推出五边形任意邻边相等,因此五边形是正五边形.

令 $\triangle TXY$ 是等腰三角形,且 $\angle X = \angle Y = 72°$,令 XZ 是 $\angle TXY$ 的内角平分线(图 18.2).

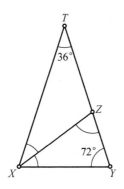

图 18.2

由此推出 $\angle ZXY = \angle ZXT = \angle XTZ = 36°$, $\angle XZY = \angle XYZ = 72°$. 我们有 $XY = XZ = ZT$. 此外,$\triangle TXY \sim \triangle XYZ$,从而
$$\frac{XY}{TY} = \frac{ZY}{XY}$$
因为 $ZY = TY - XY$,所以以上等式给出
$$\frac{XY}{TY} = \frac{TY}{XY} - 1$$
关于 $\frac{XY}{TY}$ 求解,得出
$$\frac{XY}{TY} = \frac{\sqrt{5}-1}{2}$$
但是
$$\cos 72° = \frac{1}{2} \cdot \frac{XY}{TY} = \frac{\sqrt{5}-1}{4}$$
这是一个无理数.

证 2 我们可以证明更一般的结果:当且仅当有相等内角且 p 边有理数边长的多边形是正多边形时,p 是质数.①

设 p 是质数,使有理数 $a_1,a_2,\cdots,a_p$ 是这个多边形的边长.令
$$\varepsilon = \cos\frac{2\pi}{p} + \mathrm{i}\sin\frac{2\pi}{p}$$

今把多边形的边看作向量,顺时针方向,则所有向量之和等于 0. 如果我们把向量这样平移,使它们有相同原点,那么在正实轴上选取 a_1 时,它们的终点的附标分别是 $a_1,a_2\varepsilon,a_3\varepsilon^2,\cdots,a_n\varepsilon^{n-1}$. 因为向量之和等于 0,所以推出
$$a_1 + a_2\varepsilon + a_3\varepsilon^2 + \cdots + a_n\varepsilon^{n-1} = 0$$
因此 ε 是以下多项式的根
$$P(X) = a_1 + a_2 X + \cdots + a_p X^{p-1}$$
另一方面,因为 $\varepsilon^p = 1, \varepsilon \neq 1$,所以 ε 也是以下多项式的根
$$Q(X) = 1 + X + X^2 + \cdots + X^{p-1}$$
因为 P 与 Q 有一个公共根,所以它们的最大公因子 R 一定是非常数的有理系数多项式.

如果 R 的次数小于 $p-1$,那么 Q 可以分解成两个非常数的有理系数多项式之乘积,这不可能(这由适用于多项式 $Q(X+1)$ 的艾森斯坦准则推出,见附录). 由此推出 R 的次数 $= p-1$,从而存在一实数 c,使 $P = cQ$. 我们推出 $a_1 = a_2 = \cdots = a_p$,因此多边形是正多边形.

反之,设 p 不是质数,令 $p = ab$,其中 a 与 b 是大于 1 的正整数. 结果 ε^a 是 1 的 b 次根,从而
$$1 + \varepsilon^a + \varepsilon^{2a} + \cdots + \varepsilon^{(b-1)a} = 0$$
如果我们把这个等式加到
$$1 + \varepsilon + \varepsilon^2 + \varepsilon^3 + \cdots + \varepsilon^{p-1} = 0$$
上去,那么推出 ε 是 $p-1$ 次多项式的根,其中一些系数等于 1,另一些系数等于 2. 这表示存在一个等角的多边形,有 p 条边,一些边长是 1,其余的边长是 2. 显然,这样的多边形不是正多边形.

18.3 令 a,b,c 是正实数,使 $a+b+c \geqslant abc$. 求证
$$a^2 + b^2 + c^2 \geqslant abc\sqrt{3}$$

(罗马尼亚)

证 1 用反证法,设 $a^2 + b^2 + c^2 < \sqrt{3}abc$,则由

---

① 这个陈述是 M·皮蒂卡利发表在《Revista Matematică din Timisoara》上.

$$3\sqrt[3]{a^2b^2c^2} \leqslant a^2+b^2+c^2 < 3\sqrt{abc}$$

我们得出 $abc > 3\sqrt{3}$. 另一方面有

$$\frac{a^2b^2c^2}{3} \leqslant \frac{(a+b+c)^2}{3} \leqslant a^2+b^2+c^2 < \sqrt{3}abc$$

这给出 $abc < 3\sqrt{3}$, 矛盾.

证 2 利用不等式

$$a^2+b^2+c^2 \geqslant \frac{1}{3}(a+b+c)^2$$

与

$$a^2+b^2+c^2 \geqslant 3\sqrt[3]{a^2b^2c^2}$$

我们得出

$$a^2+b^2+c^2 = (a^2+b^2+c^2)^{\frac{1}{4}}(a^2+b^2+c^2)^{\frac{3}{4}}$$
$$\geqslant \left[\frac{1}{3}(a+b+c)^2\right]^{\frac{1}{4}}(3\sqrt[3]{a^2b^2c^2})^{\frac{3}{4}}$$

因为 $a+b+c \geqslant abc$, 所以得出

$$\left[\frac{1}{3}(a+b+c)^2\right]^{\frac{1}{4}}(3\sqrt[3]{a^2b^2c^2})^{\frac{3}{4}} \geqslant \left(\frac{a^2b^2c^2}{3}\right)^{\frac{1}{4}}(3\sqrt[3]{a^2b^2c^2})^{\frac{3}{4}}$$
$$= 3^{\frac{3}{4}-\frac{1}{4}}(abc)^{\frac{1}{2}+\frac{1}{2}} = \sqrt{3}abc$$

这正是所要求的结果.

证 3 假设可以写成下式

$$\frac{1}{ab}+\frac{1}{bc}+\frac{1}{ca} \geqslant 1$$

令 $\frac{1}{bc}=x, \frac{1}{ca}=y, \frac{1}{ab}=z$, 其中 $x,y,z>0$ 与 $x+y+z \geqslant 1$.

因为 $a^2=\frac{x}{yz}, b^2=\frac{y}{zx}, c^2=\frac{z}{xy}$, 所以我们要证明

$$x^2+y^2+z^2 \geqslant \sqrt{3xyz}$$

后者可以利用 $x+y+z > 1$ 与标准不等式得出

$$x^2+y^2+z^2 \geqslant \frac{(x+y+z)^2}{3} \geqslant \frac{(x+y+z)\sqrt{x+y+z}}{3}$$
$$=\sqrt{3}\sqrt{\frac{(x+y+z)^3}{27}} \geqslant \sqrt{3xyz}$$

18.4 把 $3 \times 3 \times 3$ 正方体分成 27 个全等的单位正方体方格. 这些方格中有一个是空的, 其他的方格充满单位正方体, 以任意方式标上数 $1,2,\cdots,26$. 容许的移动是把

单位正方体移到相邻的空方格中去.

是不是存在一个容许移动的有限序列,使得对于每个 $k=1,2,\cdots,13$,标号 k 的单位正方体与标号 $27-k$ 的单位正方体可以交换?(如果 2 个方格有 1 个公共面,那么这 2 个方格是相邻的).

(保加利亚)

解 1 答案是否定的.起初,我们对每个方格指定它填入正方体的号数,对空方格指定数 27.这样我们就有约定

$$p=\begin{pmatrix}1 & 2 & \cdots & 26 & 27 \\ 1 & 2 & \cdots & 26 & 27\end{pmatrix}$$

它可以被解释为一个置换(恒等置换).我们的任务是利用 $(i,27)$ 型的一些转置,其中 $1\leqslant i\leqslant 26$,从以上 p 得出新的置换

$$q=\begin{pmatrix}1 & 2 & \cdots & 26 & 27 \\ 26 & 25 & \cdots & 1 & 27\end{pmatrix}$$

注意,q 是奇置换,因为它可以分解成奇数个转置:$q=(1,26)(2,25)\cdots(13,14)$. 因此,如果置换 q 是由 p 得出的,那么 $(i,27)$ 型的转置个数一定是奇数.

另一方面,如果我们从几何学角度来看指定的移动,那么可以看出,在这样的任意一次移动中,空方格提供了以下类型的移动:向上向下,向左向右,向前向后. 因此,如果在最后,空方格在同一位置,那么就完成了偶数次指定的移动. 这是一个矛盾.

解 2 对正方体方格利用以下规则标上数 $1,2,\cdots,27$:对下层方格利用数 $1,2,\cdots,9$,对中层方格利用数 $10,11,\cdots,18$,对上层方格利用数 $19,20,\cdots,27$. 这样的标号使我们得出以下的号数分布:

7	8	9
4	5	6
1	2	3

下层

16	17	18
13	14	15
10	11	12

中层

25	26	27
22	23	24
19	20	21

上层

然后我们取出空方格,并从下一个标号的方格号数减去 1. 例如如果空方格是原来标号 22 的方格,那么得出分布:

7	8	9
4	5	6
1	2	3

下层

16	17	18
13	14	15
10	11	12

中层

24	25	26
	22	23
19	20	21

上层

当我们把相应正方体 c_i 放在方格 i 中时,其中 $1\leqslant i\leqslant 26$,得出置换

$$c=\begin{pmatrix}1 & 2 & \cdots & 26 \\ c_1 & c_2 & \cdots & c_{26}\end{pmatrix}$$

一次容许的移动确定了正方体集合 $\{c_1, c_2, \cdots, c_{26}\}$ 的置换 p，其定义如下：把一个正方体移入空方格中，然后根据它们放置的相应方格的次序，读出正方体的标号. 我们将看出，任何这样的置换是偶置换. 为了做到这一点，我们注意有三种这样的置换 p：

- 当容许的移动是在同一层直线上作出时，在这种情形中，p 是恒等置换.
- 当容许的移动是在同一层的列上作出时，在这种情形中，对于反向移动，p 有形式

$$p = \begin{pmatrix} \cdots & a & b & c & d & \cdots \\ \cdots & a & d & b & c & \cdots \end{pmatrix}$$

或者对于向前移动，p 有形式

$$p = \begin{pmatrix} \cdots & a & b & c & d & \cdots \\ \cdots & b & c & a & d & \cdots \end{pmatrix}$$

在这两个情形中，p 是偶置换.

- 当容许的移动是用改变层次，向上或向下作出时，对向上移动，我们得出

$$p = \begin{pmatrix} \cdots & a & b & c & d & e & f & g & h & i & \cdots \\ \cdots & b & c & d & e & f & g & h & i & a & \cdots \end{pmatrix}$$

对向下移动，我们有

$$p = \begin{pmatrix} \cdots & a & b & c & d & e & f & g & h & i & \cdots \\ \cdots & i & a & b & c & d & e & f & g & h & \cdots \end{pmatrix}$$

这两种置换是 9 - 圈，因此它们是偶置换.

我们的工作是按照以下次序安排正方体

$$d = \begin{pmatrix} 1 & 2 & \cdots & 26 \\ c_{26} & c_{25} & \cdots & c_1 \end{pmatrix}$$

这是奇置换. 这是一个矛盾.

第 19 届巴尔干数学奥林匹克

土耳其,2002

第 19 届巴尔干高中学生数学奥林匹克于 2002 年 4 月 25 日至 5 月 1 日在土耳其的安塔利亚举行. 参加国家是 9 个:阿尔巴尼亚、保加利亚、塞浦路斯、前南斯拉夫的马其顿共和国、希腊、摩尔多哈共和国、罗马尼亚、土耳其与塞尔维亚一门的内哥罗.

19.1 令 $n \geqslant 4$ 是正整数,$A_1, A_2, \cdots, A_n$ 是平面内的点,任意三点不共线. 一些不同的点对用这样的方法被线段连接起来,使每一点至少与三条线段关联.

求证:在点 $A_1, A_2, \cdots, A_n$ 中存在不同的点 $X_1, X_2, \cdots, X_{2k}$,使得对于所有的 $i = 1, 2, \cdots, k$,X_i 被连接到 X_{i+1},其中 $X_{2k+1} = X_1$.

(南斯拉夫)

证 1 本题可以用图论的语言改述:已知一图 $G = (V, E)$,使每个顶点的次数至少有三次,求证这图包含偶圈.

我们对 n 利用归纳法,n 是图 G 的顶点个数. 当 $n = 4$ 时,则有 $G = K_4$(图 19.1). 在这种情形中,12341 是偶圈. 令 $n \geqslant 4$,设这个陈述对具有更少顶点的所有图成立. 取顶点 v_1,并沿 G 的不同边作路线 $v_1 v_2 \cdots v_m$. 因为 G 是有限的,所以我们终于求出长 S 的圈 $C = v_1 v_2 \cdots v_s v_1$. 设 S 是奇数,因为 C 的每个顶点有次数 2,G 的每个顶点有次数 3,所以由此推出 C 的每个顶点 v_i 与顶点 $x \in G \backslash C$ 联结.

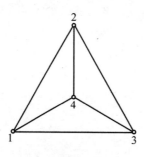

图 19.1

我们有两种情形:

情形 1 存在顶点 $x \in G \backslash C$,与 C 的两个不同顶点(例如说 v_1, v_i)联结. 于是,圈 $xv_1, \cdots, v_i x$ 或 $xv_i v_{i+1} \cdots v_s x$ 之一是偶圈.

情形 2 C 的每个顶点 v_i 与 $G \backslash C$ 的顶点 x_i 连接,使 $x_1, x_2, \cdots, x_s$ 是不同的. 于是,我们用以下方法作出一新图 H:H 的顶点是 $G \backslash C$ 的顶点,H 的一些附加顶点 y 与边是 $G \backslash C$ 的所有边与所有附加边 $x_i y$(这表示 H 是由 G "收缩" C 成唯一顶点 y 得出的). 因为 $s \geqslant 3$,且 $x_1, x_2, \cdots, x_s, y \in H$,所以由此推出,$H$ 的

次数至少是 4, 且少于 n 个顶点. 显然 H 的每个顶点的次数至少是 3. 由归纳法, H 包含偶圈 D. 如果 $y \notin D$, 那么 D 也是 G 中的偶圈, 我们证明完毕. 如果 D 包含 y, 那么至少有一个包含 D 与 C 中路线的圈是 G 中的偶圈.

证 2 令 $v_1 v_2 \cdots v_m$ 是 G 中最长的路线(回忆一下, $v_1, v_2, \cdots, v_m$ 是 V 中不同顶点). 因为每个顶点的次数至少是 3, 所以至少存在两个顶点, 比方说 x 与 y, 它们被连接到 v_1. 如果这两个顶中任何一个与 $v_2, v_3, \cdots, v_m$ 不同, 那么路线 $v_1 v_2 \cdots v_m$ 可以扩充, 从而与它的极大性矛盾. 因此存在 $i < j$, 使 $x = v_i, y = v_j$. 现在考虑圈 $v_1 v_i v_{i+1} \cdots v_j v_1$, $v_i v_1 \cdots v_{i-1} v_i$ 与 $v_j v_1 \cdots v_{j-1} v_j$. 它们的长分别是 $j - i + 2, i$ 与 j. 结论由以下事实推出: i, j 与 $j - i + 2$ 不能全是奇数, 因为它们的和是偶数.

证 3 令 $C = v_1 v_2 \cdots v_m v_1$ 是图的奇圈. 我们考虑两种情形:

情形 1　C 的顶点, 比如说 v_1, 被联结到与 v_2, v_m 不同的顶点 v_i. 我们得出长为 i 与 $m - i$ 的圈 $v_1 v_2 \cdots v_i v_1$ 与 $v_1 v_i v_{i+1} \cdots v_m v_1$. 因为 m 是奇数, 所以这些圈中恰有一个圈是偶圈.

情形 2　v_1 被联结到顶点 $x_1, x_1 \neq v_2, x_1 \neq v_m$. 我们作一条形如 $v_1 x_1 x_2 \cdots x_p$ 的路线, 其中 x_p 是第 1 个顶点, 它是形式 $v_i, 2 \leqslant i \leqslant m$ 或 $x_p = x_j, j < p - 1$ 之一. 在这两种情形中, 我们应用上述论证.

19.2　考虑如下定义的数列 $\{a_n\}_{n \geqslant 1}, a_1 = 20, a_2 = 30$, 对于所有的 $n \geqslant 2, a_{n+1} = 3a_n - a_{n-1}$. 当 $1 + 5 a_n a_{n+1}$ 是完全平方数时, 求 n 的所有值.

(保加利亚)

解 1　因为数列 $\{a_n\}_{n \geqslant 1}$ 用二次线性递推关系式定义, 所以由此推出
$$a_n = c_1 x_1^n + c_2 x_2^n$$
其中 c_1, c_2 是实常数, x_1, x_2 是特征方程
$$x^2 - 3x + 1 = 0$$
的根.

直接计算证明了
$$a_n = 10(x_1^{n-1} + x_2^{n-1})$$
于是
$$\begin{aligned} 5 a_n a_{n+1} &= 500(x_1^{n-1} + x_2^{n-1})(x_1^n + x_2^n) \\ &= 500(x_1^{2n-1} + x_2^{2n-1} + (x_1 x_2)^{n-1}(x_1 + x_2)) \\ &= 500(x_1^{2n-1} + x_2^{2n-1} + 3) \end{aligned}$$
令
$$y_1 = \frac{1 + \sqrt{5}}{2}, y_2 = \frac{1 - \sqrt{5}}{2}$$

则 y_1, y_2 是方程 $y^2 - y - 1 = 0$ 的根,此方程是斐波那契型数列的特征方程. 已知古典的斐波那契型数列 $\{f_n\}_{n \geq 1}$ 由 $f_1 = f_2 = 1$,当 $n \geq 1$ 时,$f_{n+2} = f_{n+1} + f_n$ 与 $f_n = \frac{1}{\sqrt{5}} \cdot (y_1^n - y_2^n)$ 给出. 注意 $x_1 = y_1^2, x_2 = y_2^2$. 这蕴含

$$5a_n a_{n+1} = 500(y_1^{4n-2} + y_2^{4n-2} + 3) = 500(y_1^{4n-2} + y_2^{4n-2} + 2) + 500$$
$$= 10^2(5(y_1^{2n-1} - y_2^{2n-1})^2) + 500 = 10^2\left(25\left(\frac{y_1^{2n-1} - y_2^{2n-1}}{\sqrt{5}}\right)^2\right) + 500$$
$$= 50^2 f_{2n-1}^2 + 500 = (50 f_{2n-1})^2 + 500$$

在我们的问题中,我们要寻找这些 n_1 使

$$5a_n a_{n+1} + 1 = (50 f_{2n-1})^2 + 501$$

是完全平方数. 因此我们要解丢番图方程

$$x^2 = y^2 + 501 \Leftrightarrow (x - y)(x + y) = 501$$

其中 x, y 是正整数. 因为 $501 = 1 \times 501 = 3 \times 167$,所以得出 $x = 85, y = 82$ 或 $x = 251, y = 250$. 但是 y 一定被 5 整除,所以唯一的选择是 $y = 250$,它立刻推出 $n = 3$.

解 2 这个解法是根据已经包含在解 1 中的灵活说明:$5a_n a_{n+1} - (a_n + a_{n+1})^2$ 是常数.

实际上,我们有

$$5a_n a_{n+1} - (a_n + a_{n+1})^2 = 5a_n(3a_n - a_{n-1}) - (4a_n + a_{n-1})^2$$
$$= 5a_n a_{n-1} - (a_n + a_{n-1})^2$$

迭代此式,得出

$$5a_n a_{n+1} - (a_n + a_{n+1})^2 = 5a_2 a_1 - (a_1 + a_2)^2 = 500$$

因此

$$5a_n a_{n+1} + 1 = (a_n + a_{n+1})^2 + 501$$

与前一解法一样,解答完成.

解 3 我们将基本上利用相同的想法. 设 $b_n = a_{n+1} + a_n, c_n = 1 + 5a_n a_{n+1}$,则

$$5a_{n+1} = b_{n+1} + b_n$$

与

$$a_{n+2} - a_n = b_{n+1} - b_n$$

从而

$$c_{n+1} - c_n = 5a_{n+1}(a_{n+2} - a_n) = b_{n+1}^2 - b_n^2$$

因此对于任一 n,我们有

$$c_{n+1} - b_{n+1}^2 = c_n - b_n^2 = c_1 - b_1^2 = 501$$

和解 1 一样,我们继续做下去.

19.3 两个不相等圆相交于点 A 与点 B. 它们的公切线分别与第一个圆相切于点 M,S,与第二个圆相切于点 N,T. 求证:$\triangle AMN$,$\triangle BMN$,$\triangle AST$,$\triangle BST$ 的垂心是一个矩形的顶点.

(罗马尼亚)

证 令点 O_1 与点 O_2 是已知圆的圆心,则直线 O_1O_2 是图的对称轴(图 19.2). 因为 $\triangle AMN$ 与 $\triangle BST$ 关于 O_1O_2 对称,所以由此推出它们的垂心 H_1 与 H_2 也关于 O_1O_2 对称. 这对 $\triangle AST$ 与 $\triangle BMN$ 的垂心 H_3 与 H_4 同样成立. 因此四边形 $H_1H_2H_3H_4$ 是等腰梯形或矩形,于是只要证明 $H_1H_3 \perp AB$ 即可. 我们将再证明 H_1B 与 H_3B 是 AB 的垂线.

设 MN 与 AB,AH 分别相交于点 Q,P. 我们将证明四边形 H_1BQP 是循环的(即圆内接四边形). 这等价于

$$AH_1 \cdot AP = AB \cdot AQ$$

把点幂定理应用于点 P 与圆 AMN,给出

$$PM \cdot PN = PH_1 \cdot PA$$

从而

$$AH_1 \cdot AP = (AP - H_1P) \cdot AP = AP^2 - PM \cdot PN$$
$$= AQ^2 - PQ^2 - (MQ - PQ)(NQ + QP)$$

注意点 Q 是线段 MN 的中点. 这由点幂定理应用于点 Q 与两个已知圆给出

$$QM^2 = OA \cdot OB = QN^2$$

因此我们有

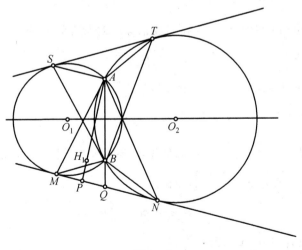

图 19.2

$$AH_1 \cdot AP = AQ^2 - PQ^2 - MQ^2 + PQ^2$$
$$= AQ^2 - AQ \cdot BQ = AQ(AQ - BQ) = AQ \cdot AB$$

这正是所要求的结果.

19.4 求满足以下条件的函数 $f: \mathbb{N} \to \mathbb{N}$
$$2n + 2001 \leqslant f(f(n)) + f(n) \leqslant 2n + 2002, \forall n \in \mathbb{N}$$

（罗马尼亚）

解1 我们定义正整数数列 $\{a_n\}_{n \geqslant 0}$ 如下: a_0 是任一正整数,且对于所有的 n, $a_{n+1} = f(a_n)$. 已知条件对所有的 $k \geqslant 2$, 给出
$$2001 \leqslant a_k + a_{k-1} - 2a_{k-2} \leqslant 2002$$
记 $b_k = a_k - 667k$, 则对于所有的 $k \geqslant 2$
$$0 \leqslant b_k + b_{k-1} - 2b_{k-2} \leqslant 1$$
由此推出 $c_k = b_k + b_{k-1} - 2b_{k-2}$ 是等于 0 或 1 的整数. 把上式写成
$$b_k - b_{k-1} = -2(b_{k-1} - b_{k-2}) + c_k$$
作迭代,得出,对于所有的 $k \geqslant 2$
$$b_k - b_{k-1} = (-2)^{k-1}(b_1 - b_0) + (-2)^{k-2}c_2 + (-2)^{k-3}c_3 + \cdots + c_k$$
对 $k = 2, 3, \cdots, n$ 相加,得出
$$b_n = \frac{2b_0 + b_1}{3} + \frac{(-2)^n}{3} + \frac{2}{3}(c_n - 2c_{n-1} + 2^2 c_{n-2} + \cdots + (-2)^{n-2}c_2) +$$
$$\frac{1}{3}(c_2 + c_3 + \cdots + c_n) \tag{1}$$

设 n 是奇整数,则因为所有的 c_i 是 0 或 1, 所以有
$$c_n - 2c_{n-1} + \cdots + (-2)^{n-2}c_2 \leqslant 1 + 2 + 2^2 + \cdots + 2^{n-3} = \frac{2^{n-1} - 1}{3}$$

记 $b_1 - b_0 = B$. 由(1)我们推出,存在实数 α 与 β, 对所有的 n, 有
$$b_n \leqslant \alpha + \beta n - \frac{2^n}{3}B + \frac{2}{3} \cdot \frac{2^{n-1} - 1}{3}$$

设 $\gamma = \beta + 667$ 并记住 $b_n = a_n - 667n$ 就得出
$$a_n \leqslant \alpha + \gamma n - \frac{2^n}{3}\left(B - \frac{1}{3}\right) \tag{2}$$

考虑 $B > 0$, 因为 B 是整数,所以由此推出 $B - \frac{1}{3} \geqslant \frac{2}{3}$. 对于 $n > 4$ 我们有 $2^n > n^2$, 于是利用(2),对于所有奇数 $n > 4$, 得出
$$a_n \leqslant \alpha + \gamma n - \frac{4}{9}n^2$$

对于大的 n, 这与条件 a_n 是正整数矛盾.

我们用相同方法(取 n 是偶数)证明 $B < 0$, 也得出矛盾. 我们断定 $B = 0, b_0 = b_1$, $a_1 = a_0 + 667$. 因为 a_0 是任一整数,所以得出,对于所有的 n 有
$$f(n) = n + 667$$

直接计算证明了,这个函数实际上满足所要求的条件.

解 2 同前定义数列 $\{a_n\}_{n\geq 0}$,对于所有的 $n \geq 1$,令
$$c_n = a_n - a_{n-1} - 667$$
则
$$c_{n+1} + 2c_n = a_{n+1} + a_n - 2a_{n-1} - 2\,001$$
因此对于所有的 $n \geq 1$,$c_{n+1} + 2c_n$ 是一整数,满足
$$0 \leq c_{n+1} + 2c_n \leq 1$$

设 $c_1 > 0$,则 $c_1 \geq 1$,$c_2 \leq -2c_1 + 1 \leq -1$. 此外 $c_3 \geq -2c_2 \geq 2$. 我们要求 $c_{2k+1} \geq 2^k$,用归纳法来证明它. 如果 $c_{2k+1} \geq 2^k$ 成立,那么
$$c_{2k+1} \leq -2c_{k+1} + 1 \leq -2^{k+1} + 1$$
与
$$c_{2k+3} \geq -2c_{2k+2} \geq 2^{k+2} - 2 \geq 2^{k+1}$$
这个要求得到了证明.

注意
$$a_{2k+2} - a_{2k} - 1\,334 = c_{2k+2} + c_{2k+1} \leq -2^k + 1$$
因此对于 $k \geq 11$,有
$$a_{2k+2} < a_{2k}$$
矛盾,因此所有的 a_k 一定是正整数.

如果 $c_1 < 0$,那么 $c_2 \geq -2c_1 > 0$,重复我们的论证,一直到得出对于所有的 $k \geq 11$,有
$$a_{2k+3} < a_{2k+1}$$
这是另一个矛盾.

我们断定 $c_1 = 0$,即 $a_1 = a_0 + 667$. 同前,由此推出,对于所有的 n,有
$$f(n) = n + 667$$

第20届巴尔干数学奥林匹克

阿尔巴尼亚,2003

第20届巴尔干高中学生数学奥林匹克于2003年5月2日至5日在阿尔巴尼亚的地拉那举行.参加国家是9个:阿尔巴尼亚、保加利亚、塞浦路斯、前南斯拉夫的马其顿共国家、希腊、摩尔多瓦共和国、罗马尼亚、土耳其与塞尔维亚一门的内哥罗.

20.1 是否存在4 004个正整数组成的集合,使其中任意2 003个正整数之和不能被2 003整除?

(前南斯拉夫的马其顿共和国)

解 答案是肯定的.可能的作法如下:取4 004个不同的数$a_1, a_2, \cdots, a_{2\,002}, b_1, b_2, \cdots, b_{2\,002}$,使对于所有的$i, 1 \leqslant i \leqslant 2\,002$,我们有$a_i \equiv 1 \pmod{2\,003}$, $b_i \equiv 0 \pmod{2\,003}$. 于是,集合$\{a_1, a_2, \cdots, a_{2\,002}, b_1, b_2, \cdots, b_{2\,002}\}$中有2 003个元素的任一子集至少包含$a_i$之一,至多包含2 002个元素.因此它的元素之和不能同余于$0 \pmod{2\,003}$.

评述 如果我们把4 004换为4 005,那么答案是否定的.此外,以下结论是正确的:从$2n-1$个整数的任一个集合中可以选出n个整数,使它们之和可以被n整除.[①]

20.2 令$\triangle ABC$是一个$AB \neq BC$的三角形,令点D是$\triangle ABC$外接圆在点A的切线与直线BC的交点.在点B与C所作的BC的垂线,分别与边AB, AC的垂直平分线相交于点E, F. 求证:点D, E, F共线.

(罗马尼亚)

证1 如图20.1,我们将证明$\angle BDE = \angle CDF$,这显然蕴含D, E, F共线.为了证明这一点,只要证明

$$\frac{BE}{CF} = \frac{BD}{CD} \tag{1}$$

即可.令点M是线段AB的中点.在$\triangle BME$中,我们有

$$\cos\angle MBE = \sin B = \frac{BM}{BE} = \frac{AB}{2BE}$$

从而

[①] 见俄罗斯《量子》杂志(Kvant),1970,9,问题M45.

$$BE = \frac{AB}{2\sin B}$$

类似地,得出
$$CF = \frac{AC}{2\sin C}$$

因此我们推出
$$\frac{BE}{CF} = \frac{AB\sin C}{AC\sin B}$$

或者利用正弦定理
$$\frac{BE}{CF} = \frac{\sin^2 C}{\sin^2 B}$$

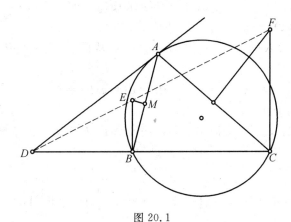

图 20.1

线段 BD 与 CD 的长可以再分别在 $\triangle ABD$ 与 $\triangle ADC$ 中利用正弦定理求出. 我们有
$$\frac{BD}{\sin C} = \frac{AD}{\sin(\pi - B)}$$
$$\frac{DC}{\sin(A+C)} = \frac{AD}{\sin C}$$

由此推出
$$\frac{BD}{CD} = \frac{\sin^2 C}{\sin^2 B}$$

因此证明了(1).

证 2 让我们考虑极点 D 与比 $\rho = DA^2 = DB \cdot DC$ 的反演. 于是,点 A 是这个变换的定点,点 B 与点 C 可交换. 圆心在 E,半径为 BE 的圆 C 与直线 DC 相切于点 C,且通过点 A. 这个圆变为圆 C',与 BC 相切于点 C,也通过点 A. 但是这时圆 C' 的圆心在点 F 上. 由此推出点 E 变为 F,因此点 D,E,F 共线.

20.3 求满足以下条件的所有函数 $f:\mathbb{Q} \to \mathbb{R}$：

(a) $f(1)+1>0$；

(b) 对于所有的 $x,y \in \mathbb{Q}$，有
$$f(x+y)-xf(y)-yf(x)=f(x)f(y)-x-y+xy$$

(c) 对于所有的 $x \in \mathbb{Q}$，有
$$f(x)=2f(x+y)+x+2$$

（塞浦路斯）

解 条件(a)与(b)要求我们利用代换 $g(x)=f(x)+x$，其中 $g:\mathbb{Q} \to \mathbb{R}$. 于是条件(b)变成
$$g(x+y)=g(x)g(y) \qquad (b')$$
而由(a)我们有 $g(1)>0$.

把 $x=y=0$ 代入(b')，给出 $g(0)=g^2(0)$. 从而 $g(0)=0$ 或 $g(0)=1$. 如果 $g(0)=0$，那么
$$g(1)=g(1+0)=g(1)g(0)=0$$
矛盾. 因此我们有 $g(0)=1$.

设 $g(1)=a$，且 $a>0$，则简单的归纳法证明了，对于所有正整数 n，有
$$g(n)=g^n(1)=a^n$$
同样有
$$a=g(1)=g\underbrace{\left(\frac{1}{n}+\frac{1}{n}+\cdots+\frac{1}{n}\right)}_{n\uparrow}=g^n\left(\frac{1}{n}\right)$$
从而
$$g\left(\frac{1}{n}\right)=a^{\frac{1}{n}}$$
此外
$$g\left(\frac{m}{n}\right)=g\underbrace{\left(\frac{1}{n}+\frac{1}{n}+\cdots+\frac{1}{n}\right)}_{m\uparrow}=g^m\left(\frac{1}{n}\right)=a^{\frac{m}{n}}$$
因此对于所有非负有理数 x，得出
$$g(x)=a^x$$
最后注意到
$$1=g(0)=g(x-x)=g(x)g(-x)=a^x g(-x)$$
从而 $g(-x)=a^{-x}$. 因此对于所有有理数 x，有 $g(x)=a^x$.

条件(c)推出
$$a^x-x=2(a^{x+1}-x-1)+x+2$$
或者等价地推出
$$a^x=2a^{x+1}$$

我们得出 $a = \frac{1}{2}$，容易检验，函数

$$f(x) = \frac{1}{2^x} - x$$

确实满足所要求的条件.

20.4 令四边形 $ABCD$ 是边长分别为 m,n 的矩形. 设 m 与 n 是 2 个互质奇整数，这个矩形被分成 $m \times n$ 个单位正方形. 主对角线 AC 与各单位正方形的边依次相交于点 $A_1, A_2, \cdots, A_N$，其中 $N \geqslant 2$，$A_1 = A$，$A_N = C$. 求证

$$A_1A_2 - A_2A_3 + A_3A_4 - \cdots + (-1)^{N-1}A_{N-1}A_N = \frac{\sqrt{m^2 + n^2}}{mn}$$

（保加利亚）

证 把要求的和表示为

$$S = \sum_{i=1}^{N-1} (-1)^{i-1} A_i A_{i+1}$$

设 $m > n$，把已知矩形看作其顶点在坐标平面内，它的原点是 $A(0,0)$，使 C 有坐标 (m, n). 同样考虑一个网格，它的竖直线有方程 $x = k$，$1 \leqslant k \leqslant m-1$，水平线有方程 $y = l$，$1 \leqslant l \leqslant n-1$. 对角线 AC 与竖直线相交于点 $V_k(k, \frac{n}{m}k)$，与水平线相交于点 $H_l\left(\frac{m}{n}l, l\right)$. 因为最大公因数 $(m, n) = 1$，所以点 V_k 与 H_l 是完全不同的. 考虑点 A 与 B，我们得出，序列 $A = A_1, A_2, \cdots, A_{N-1}, A_N = C$ 包含

$$N = (m-1) + (n-1) + 2 = m + n$$

个点，于是在对角线 AC 上确定了 $m+n-1$ 条线段，即奇数条线段.

我们把线段 A_iA_{i+1} 称为第 1 型线段，如果它连接两点 V_k 与 V_{k+1}（图 20.2）. 我们把线段 A_iA_{i+1} 称为第 2 型线段，如果它以某种次序连接点 V_k 与 H_l（图 20.3）. 线段 A_1A_2 与 $A_{N-1}A_N$ 将被看作是第 1 型线段.

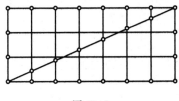

图 20.2

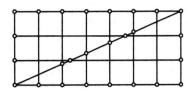

图 20.3

第 1 型线段有标准长 $\frac{\sqrt{m^2 + n^2}}{m}$. 当点 H_l 在两点 V_k 与 V_{k+1} 之间时，第 2 型线段就出现了. 因此在和 S 中，一定有两个相邻元素是第 2 型，它们提供不同符号的和：

$A_iA_{i+1} - A_{i+1}A_{i+2}$ 或者 $- A_iA_{i+1} + A_{i+1}A_{i+2}$.

第1个结论是第2型线段的条数是偶数,从而第1型线段的条数是奇数.因为第2型线段的符号是成对的,所以由此推出第1型一条附加线段出现在带正号的和中,因此它们在S中的贡献是$\dfrac{\sqrt{m^2+n^2}}{m}$.

现在我们来求第2型线段在S中的贡献.把它们分成一对对,正如它们在线段序列中出现的那样.要点是,当$A_i = H_l$时确定指标i的奇偶性.因为我们有$H_l\left(\dfrac{m}{n}l, l\right)$,所以我们考虑以下的$n-1$个欧几里得除法

$$ml = nq_l + r_l$$

其中$1 \leqslant l \leqslant n-1$.从而点$H_l$有坐标$H_l(q_l + \dfrac{r_l}{n}, l), 1 \leqslant l \leqslant n-1$,它们的个数是$n-1$,这样,它们将对$S$中$2n-2$项作出贡献.无论在什么时候,每对这样的线段由点$A_S = H_l$确定,此点在两点$A_{S-1} = V_k$与$A_{S+1} = V_{k+1}$之间.为了求出线段$A_{S-1}A_S$与$A_SA_{S+1}$在$S$中的符号,我们注意$S = l + q_l + 1$.这可由以下事实推出:我们从$A(0,0)$开始,然后计算直线的条数$l$与商的个数$q_l$.结论是,当$S-1 = l + q_l$是偶数时,有符号$- A_{S-1}A_S$,当$S-1 = l + q_l$是奇数时,有符号$+ A_{S-1}A_S$.

关键是注意到,对于所有的$l, 1 \leqslant l \leqslant n-1, l + q_l$与$r_l$有相同的奇偶性.实际上,利用 mod 2 的同余,我们有

$$l + q_l - r_l \equiv m(l + q_l - r_l) \equiv nq_l + mq_l + r_l - mr_l$$
$$\equiv (m+n)q_l + (1-m)r_l = 0$$

此外,因为最大公因数$(m,n) = 1$,所以当l取值$1, 2, \cdots, n-1$时,r_l取遍所有的余数$1, 2, \cdots, n-1$.因此我们得出,当r_l是偶数时,第2型两对线段对S的贡献是

$$- A_{S-1}A_S + A_SA_{S+1} = \dfrac{\sqrt{m^2+n^2}}{m} \cdot \dfrac{r_l - (n - r_l)}{n}$$

当r_l是奇数时,第2型两对线段对S的贡献是

$$A_{S-1}A_S - A_SA_{S+1} = \dfrac{\sqrt{m^2+n^2}}{m} \cdot \dfrac{r_l - (n - r_l)}{n}$$

其中所有的$r_l = 1, 2, \cdots, n-1$.

最后,和是

$$S = \dfrac{\sqrt{m^2+n^2}}{m} + 2\dfrac{\sqrt{m^2+n^2}}{m}\left(\dfrac{1 - 2 + 3 - \cdots + (n-2) - (n-1)}{n}\right)$$
$$= \dfrac{\sqrt{m^2+n^2}}{m}\left(1 - \dfrac{n-1}{n}\right) = \dfrac{\sqrt{m^2+n^2}}{mn}$$

第 21 届巴尔干数学奥林匹克

保加利亚,2004

第 21 届巴尔干高中学生数学奥林匹克于 2004 年 5 月 5 日至 10 日在保加利亚的普勒文举行. 参加国家是 9 个:阿尔巴尼亚、保加利亚、塞浦路斯、前南斯拉夫的马其顿共和国、希腊、摩尔多瓦共和国、罗马尼亚、土耳其与塞尔维亚一门的内哥罗.

21.1 对于所有非负整数 $n,m,m>n$,实数数列 $a_0,a_1,\cdots$ 满足关系式
$$a_{m+n}+a_{m-n}-m+n-1=\frac{1}{2}(a_{2m}+a_{2n})$$
如果 $a_1=3$,求 $a_{2\,004}$.

(塞浦路斯)

解 1 对于 $m=n$,我们得出
$$a_{2m}+a_0-1=a_{2m}$$
从而 $a_0=1$. 在已知条件中设 $m=n+1$,给出
$$a_{2n+2}-2a_{2n+1}+a_{2n}=2 \tag{1}$$
条件和数列的偶数项与奇数项有关. 对于 $n=0$,我们得出 $a_2=7$. 在已知条件中把 (m,n) 换为 $(n+1,n-1)$,给出
$$a_{2n}+a_2-3=\frac{1}{2}(a_{2n+2}+a_{2n-2})$$
但是 $a_2=7$,我们推出
$$a_{2n+2}-2a_{2n}+a_{2n-2}=8 \tag{2}$$
这个关系式可以看作偶数项的"差分方程". 对 n 求和,给出
$$a_{2n+2}-a_{2n}=8n+6$$
再求和,我们得出
$$a_{2n+2}=4n^2+10n+7=(2n+2)(2n+3)+1$$
代入(1),推出
$$a_{2n+1}=4n^2+7n+3=(2n+1)(2n+2)+1$$
因此一般公式是
$$a_n=n(n+1)+1$$
容易看出它满足已知条件.

最后有
$$a_{2\,004}=2\,004\times 2\,005+1=4\,018\,021$$

解 2 在已知条件中设 $n=0$,得出

$$a_{2m} = 4a_m - (2m+3)$$

取 $m=2$,从 $a_0=1, a_1=3, a_2=7$ 开始,我们得出 $a_4=21$.通过(1)有 $a_3=13$.我们可以推测 $a_n = n^2+n+1$,用归纳法来证明这一点.设这个公式对所有的 $n \leqslant 2m-1$ 成立,则

$$\begin{aligned} a_{2m} &= 4a_m - (2m+3) \\ &= 4(m^2+m+1) - (2m+3) \\ &= (2m)^2 + 2m + 1 \end{aligned}$$

利用(1),有

$$a_{2m+1} = (2m+1)^2 + (2m+1) + 1$$

这正是所要求的结果.

21.2 求方程

$$x^y - y^x = xy^2 - 19$$

的质数解.

(阿尔巴尼亚)

解 容易看出 $x=y$ 不能给出解,因此 $x \neq y$.因为 y 是质数,所以我们有

$$x^y \equiv x \pmod{y}$$

方程两边取 mod y,给出

$$x + 19 \equiv 0 \pmod{y}$$

它蕴含 $y \leqslant x+19$.如果 $y = x+19$,那么质数 x 与 y 有不同奇偶性,从而 $x=2, y=21$,显然不是方程的解.因此

$$y < x+19 \tag{3}$$

类似地,原方程两边取 mod x,给出

$$y - 19 \equiv 0 \pmod{x}$$

如果 $y > 19$,那么以上同余式蕴含 $x \leqslant y-19$,于是与(3)矛盾.

从而 $y \leqslant 19$,因此我们来检验有限个情形.不难看出唯一的解是 $(2,3)$ 与 $(2,7)$.实际上,着重注意两个条件 $x \mid 19-y$ 与 $y \mid 19+x$,我们有以下几种情形:

1. $x=2$,则 $y \mid 21$,检验一对 $(2,3)$ 与 $(2,7)$.两者都是解.
2. $x=3$,则 $y \mid 22$,从而 $y \in \{2,11\}$.但是 $3 \nmid 19-2=17, 3 \nmid 19-11=8$.
3. $x=5$,则 $y \mid 24$,从而 $y \in \{2,3\}$.但是 $5 \nmid 17, 5 \nmid 16$.
4. $x=7$,则 $y \mid 26$,从而 $y \in \{2,13\}$.但是 $7 \nmid 17, 7 \nmid 6$.
5. $x=11$,则 $y \mid 30$,从而 $y \in \{2,3,5\}$.但是 $11 \nmid 17, 16$ 或 14.
6. $x=13$,则 $y \mid 32$,从而 $y=2$.但是 $13 \nmid 17$.
7. $x=17$,则 $y \mid 36$,从而 $y \in \{2,3\}$.但是 $17 \nmid 16$.只要直接检验一对 $(17,2)$,它不是解.

结论是:已知方程的唯一解是(2,3)与(2,7).

21.3 令 O 是锐角 $\triangle ABC$ 的内点. 以各边中点为圆心并通过 O 的各圆第二次相交于不同于 O 的点 K,L,M. 求证:当且仅当 O 是 $\triangle ABC$ 的外心时,O 是 $\triangle KLM$ 的内心.

(罗马尼亚)

证 1 令点 A',B',C' 分别是边 BC,CA,AB 的中点. 不难看出,不考虑点 O 的位置,点 K,L,M 是 O 通过 $\triangle A'B'C'$ 各边的反射(图 21.1). 因此,中心在 O,比为 $\dfrac{1}{2}$ 的位似变换把 $\triangle KLM$ 变为 $\triangle K'L'M'$,其中点 K',L',M' 是 O 在 $\triangle A'B'C'$ 各边上的射影.

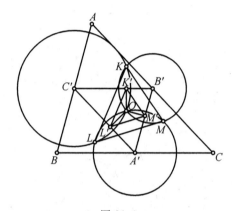

图 21.1

现在设 O 是 $\triangle ABC$ 的外心,则容易看出,O 也是 $\triangle A'B'C'$ 的垂心. 已知三角形的垂心同时是垂足三角形的内心,在我们的情形中,点 O 是 $\triangle K'L'M'$ 的内心. 实际上,我们有(图 21.2)
$$\angle M'K'A' = \angle L'K'A' = 90° - \angle B'A'C'$$
从而 OK' 是 $\angle M'K'L'$ 的角平分线. 类似地,OM' 与 OL' 也是角平分线,因此 O 是 $\triangle K'L'M'$ 的内心.

相反,设 O 是 $\triangle KLM$ 的内心,则它也是 $\triangle K'L'M'$ 的内心(回忆一下,点 K',L',M' 是 O 在 $\triangle A'B'C'$ 各边的射影). 我们注意,O 在 $\triangle A'B'C'$ 内部. 实际上,如果不是这样,那么 O 是 $\triangle K'L'M'$ 外部的点(图 21.3),这与我们的假设矛盾. 不难看出,O 是 $\triangle A'B'C'$ 的垂心,因此是 $\triangle ABC$ 的外心.

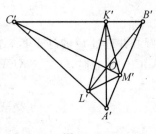
图 21.2

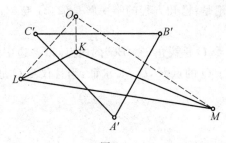
图 21.3

证 2 如果 O 是 $\triangle ABC$ 的外心,那么 $\angle A'C'O = \angle A'B'O = 90° - \angle A$. 但是
$$\angle A'C'O = \frac{\angle LC'O}{2} = \angle LKO$$
与
$$\angle A'B'O = \frac{\angle MB'O}{2} = \angle MKO$$

从而 OK 是 $\angle LKM$ 的角平分线(图 21.4). 类似地,OM 与 OL 是角平分线,因此 O 是 $\triangle KLM$ 的内心.

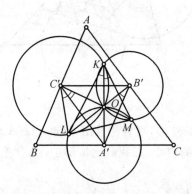
图 21.4

反之,如果 O 是 $\triangle KLM$ 的内心,那么 $\angle LKO = \angle MKO$. 但是 $\angle LKO = \angle A'C'O$,$\angle MKO = \angle A'B'O$,从而 $\angle A'C'O = \angle A'B'O$. 类似地,$\angle B'A'O = \angle B'C'O$,$\angle C'A'O = \angle C'B'O$. 相加给出
$$\angle C'A'O + \angle A'C'O + \angle B'C'O = 90°$$
由此推出 $A'O \perp B'C'$,从而 $A'O \perp BC$. 于是,$A'O$ 是线段 BC 的垂直平分线. 我们用相同方法证明 $B'O$ 与 $C'O$ 分别是 AC 与 AB 的垂直平分线,因此 O 是 $\triangle ABC$ 的外心.

评述 令点 D,E,F 是 $\triangle ABC$ 三条高的足,ω 是九点圆圆心. 已知(见附录)ω 是线段 OH 的中点,其中 O 与 H 分别是 $\triangle ABC$ 的外心与垂心. 我们可以看出,关于 ω 的对称把 H 变为 O,把垂足 $\triangle DEF$ 变为 $\triangle KLM$(图 21.5).

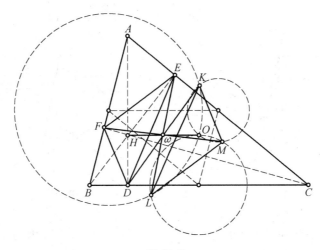

图 21.5

21.4 用没有三条直线共点的有限条直线,把一个平面分成诸区域. 两个区域称为相邻区域,如果它们边界的交线是线段或半直线或直线(点不是线段). 利用以下这样的方法对每个区域指定一个整数,使得

(i) 对任意两个相邻区域指定的两个整数之乘积小于它们之和;

(ii) 对于已知各直线中的每一条,对它确定两个半平面中的每一个,对位于这个半平面的所有区域指定的各个整数之和等于 0.

求证:当且仅当不是所有直线平行时,这是可能的.

证 如果所有直线都平行,那么容易检验所有的数都等于 0,从而条件(i) 不满足.

这样我们设至少有两条不平行直线. 对于每条直线,我们对它确定的半平面指定 + 或 −. 把这个平面的每个点染上颜色,此平面具有对含此点的半平面指定的符号乘积(图 21.6).

用这个方法,区域中的所有点有相同颜色,它是这个区域的颜色.

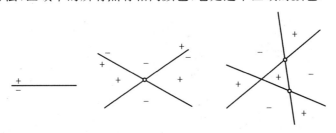

图 21.6

因为已知直线中没有三条直线共点,所以两条直线的任一交点邻接四个区域. 其中每个区域在点周围记上 +1 或 −1,与区域颜色相对应(图 21.7). 最后,我们对每个区域指定一些数之和,这些数写在这个区域内部的隅角上(图 21.8).

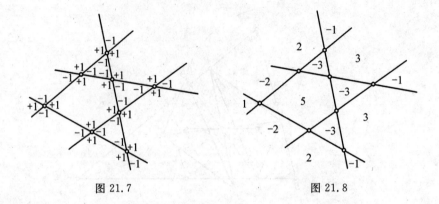

图 21.7   图 21.8

容易检验,条件满足. 对于(i),我们有 $ab \leqslant a < a+b$,因为 $a < 0 < b$ 或 $b < 0 < a$,a,b 是整数(此处 a 与 b 是对两个相邻区域指定的数). 对于(ii),注意,对包含在半平面 H 内的各区域指定的各数之和等于 ± 1 之和,± 1 写在属于 H 的所有交点周围. 因为写在每个交点周围的 ± 1 之和显然是 0,所以我们证明完成.

第 22 届巴尔干数学奥林匹克

罗马尼亚,2005

第 22 届巴尔干高中学生数学奥林匹克于 2005 年 5 月 4 日至 10 日在罗马尼亚的伊亚西举行.参加国家是 9 个:阿尔巴尼亚、保加利亚、塞浦路斯、前南斯拉夫的马其顿共和国、希腊、摩尔多瓦共和国、罗马尼亚、土耳其与塞尔维亚一门的内哥罗.匈牙利、英国、哈萨克斯坦与俄罗斯的雅库吉亚的代表队参加了竞赛,但不参加竞赛评奖.

22.1 令 $\triangle ABC$ 是锐角三角形,它的内切圆分别与 AB,AC 相切于点 D,E.令 X,Y 分别是 $\angle ACB$,$\angle ABC$ 的角平分线与直线 DE 的交点,令点 Z 是边 BC 的中点.求证:当且仅当 $\angle A = 60°$ 时 $\triangle XYZ$ 是等边的.

(保加利亚)

证 1 令 I 表示 $\triangle ABC$ 的内心.我们要求四边形 $BIXD$ 是循环的(即圆内接四边形).实际上,注意,$\triangle ADE$ 是等腰的,从而

$$\angle AED = \angle ADE = 90° - \frac{1}{2}A$$

由此推出 $\angle DEC = 90° + \frac{1}{2}A$,于是

$$\angle DXI = \angle DEC + \angle ECX = 90° + \frac{A}{2} + \frac{C}{2}$$

因为 $\angle DBI = \frac{1}{2}B$,所以 $\angle DXI + \angle DBI = 180°$,因此证明了我们的要求.

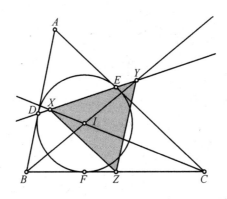

图 22.1

现在因为 $ID \perp AB$,所以由此推出 $\angle BXC = 90°$,从而 $XZ = BZ = CZ$.类似地,

我们推出 $YZ = BZ = CZ$,于是 $XZ = YZ$,即 $\triangle XYZ$ 总是等腰的.

最后,因为 $XZ = CZ$,所以有
$$\angle ZXC = \angle XCZ = \angle ACX$$
从而 $XZ \parallel AC$.类似地,$YZ \parallel AB$.这蕴含 $\angle XZY = \angle BAC$,结论是明确的.

证 2 我们利用复数,把 $\triangle ABC$ 的内切圆看作单位圆.

引理 令 A 与 B 是单位圆上的两点,C 是通过 A 与 B 的圆切线的交点.如果 a, b, c 是对应于点 A, B, C 的复数,那么
$$c = \frac{2ab}{a+b}$$

证 因为 $\angle OAC = 90°$,所以数 $\dfrac{c-a}{a}$ 是纯虚数,因此
$$\frac{c-a}{a} = -\frac{\bar{c} - \bar{a}}{\bar{a}}$$

利用 $a\bar{a} = 1$,以上等式化简为
$$c + a^2 \bar{c} = 2a$$

类似地,我们有
$$c + b^2 \bar{c} = 2b$$

对 c 求解,得出要求的等式.

回到我们的问题,令 $a, b, c, \cdots$ 表示对应于点 $A, B, C, \cdots$ 的复数.而且设内切圆与边 BC 相切于点 F.不失一般性,可以设 $f = 1$.利用引理,我们得出
$$b = \frac{2d}{1+d}, c = \frac{2e}{1+e}$$

与
$$a = \frac{2de}{d+e}$$

因为点 X 在直线 DE 上,所以有
$$\frac{x-d}{x-e} = \frac{\bar{x} - \bar{d}}{\bar{x} - \bar{e}}$$

利用 $d\bar{d} = e\bar{e} = 1$,后者简化为
$$x + \bar{x} de = d + e$$

因为点 X 在直线 CI 上,所以也有
$$\frac{x}{c} = \frac{\bar{x}}{\bar{c}}$$

这得出
$$x = \bar{x} e$$

我们推出

$$x = \frac{d+e}{1+d}$$

同样

$$y = \frac{d+e}{1+e}$$

现在，Z 是线段 BC 的中点，因此

$$z = \frac{b+c}{2} = \frac{d}{1+d} + \frac{e}{1+e}$$

于是

$$\frac{x-z}{y-z} = \frac{\dfrac{d+e}{1+d} - \dfrac{d}{1+d} - \dfrac{e}{1+e}}{\dfrac{d+e}{1+e} - \dfrac{d}{1+d} - \dfrac{e}{1+e}} = -\frac{e}{d}$$

另一方面

$$\frac{e-a}{d-a} = \frac{e - \dfrac{2de}{d+e}}{d - \dfrac{2de}{d+e}} = -\frac{e}{d}$$

因为

$$\frac{x-z}{y-z} = \frac{e-a}{d-a}$$

我们推出 $\triangle XZY \sim \triangle EAD$. 显然，$\triangle ABC$ 是等腰三角形，因此，当且仅当 $A = 60°$ 时，三角形是等边的.

22.2 求所有的质数 p，使 $p^2 - p + 1$ 是完全立方数.

（阿尔巴尼亚）

解 令

$$p^2 - p + 1 = q^3$$

其中 q 是正整数. 把上式改写为

$$p(p-1) = (q-1)(q^2+q+1)$$

由此推出 p 整除 $q-1$ 或 q^2+q+1.

设 p 整除 $q-1$，则我们有

$$p < q < q^2+q+1 \quad \text{与} \quad p-1 < q-1$$

这导致矛盾.

由此必然推出 p 整除 q^2+q+1，例如说，对于一些正整数 n，有

$$q^2+q+1 = np \tag{1}$$

我们得出

$$p(p-1) = (q-1)np$$

因此
$$p = 1 + n(q-1)$$
代入(1)得出
$$q^2 + q(1-n^2) + n^2 - n + 1 = 0$$
把这看作 q 的二次方程,则它的判别式 Δ 一定是一平方数. 但是
$$\Delta = n^4 - 6n^2 + 4n - 3$$
不难看出
$$(n^2-3)^2 \leqslant \Delta < (n^2-2)^2$$
从而 $\Delta = (n^2-3)^2$,我们推出 $n=3, q=7$ 与 $p=19$.

22.3 令 a,b,c 是正实数. 求证:不等式
$$\frac{a^2}{b} + \frac{b^2}{c} + \frac{c^2}{a} \geqslant a+b+c + \frac{4(a-b)^2}{a+b+c}$$
等号什么时候成立?

(塞尔维亚一门的内哥罗)

证 注意
$$\frac{a^2}{b} - 2a + b = \frac{(a-b)^2}{b}$$
从而已知不等式可以改写为
$$\frac{(a-b)^2}{b} + \frac{(b-c)^2}{c} + \frac{(c-a)^2}{a} \geqslant \frac{4(a-b)^2}{a+b+c}$$
柯西-施瓦兹不等式给出
$$(b+c+a)\left(\frac{(a-b)^2}{b} + \frac{(b-c)^2}{c} + \frac{(c-a)^2}{a}\right) \geqslant (|a-b|+|b-c|+|c-a|)^2 \tag{2}$$
另一方面,我们有
$$|b-c|+|c-a| \geqslant |(b-c)+(c-a)| = |b-a| = |a-b| \tag{3}$$
从而
$$(|a-b|+|b-c|+|c-a|)^2 \geqslant (2|a-b|)^2 = 4(a-b)^2$$
最后,让我们分析等式成立的情形. 当且仅当
$$\frac{|a-b|}{b} = \frac{|b-c|}{c} = \frac{|c-a|}{a}$$
时,(2)变为等式,当且仅当 $b-c$ 与 $c-a$ 同号时,(3)变为等式. 因此我们有导致 $a=b=c$ 的
$$\frac{a-b}{b} = \frac{b-c}{c} = \frac{c-a}{a} = \frac{a-b+b-c+c-a}{b+c+a} = 0$$
或

$$\frac{b-a}{b} = \frac{b-c}{c} = \frac{c-a}{a}$$

上式可以改写为

$$1 - \frac{a}{b} = \frac{b}{c} - 1 = \frac{c}{a} - 1$$

从而

$$\frac{b}{c} = \frac{c}{a}$$

用 x 表示这两分数的公共值,则 $x^2 = \frac{b}{a}$,我们得出

$$1 - \frac{1}{x^2} = x - 1$$

或

$$x^3 - 2x^2 + 1 = 0$$

把上式分解因式为

$$(x-1)(x^2 - x - 1) = 0$$

从而 $x=1$,这又导致 $a=b=c$ 或 $x = \frac{1+\sqrt{5}}{2}$(因为 a,b,c 是正整数,所以我们可以放弃方程的负根).

我们断定,当 $a=b=c$ 或 $c=a\varphi$,$b=a\varphi^2$ 时等式成立,其中 $\varphi = \frac{1+\sqrt{5}}{2}$.

22.4 令 $n \geqslant 2$ 是整数,S 是 $\{1, 2, \cdots, n\}$ 的子集,使 S 既不含这样的两个元素,其中一个整除另一个,也不含两个互质的元素. 这样的集合 S 的最大可能元素个数是多少?

(罗马尼亚)

解 一种自然的解法是努力建立这样一个集合. 选择所有大于 $\frac{n}{2}$ 的数来解答第 1 个条件,因为如果 a 与 b 是大于 $\frac{n}{2}$ 且小于或等于 n 的不同整数,那么 $\frac{a}{b}$ 与 $\frac{b}{a}$ 不能是整数,从而这些数中没有一个整除另一个. 为了满足第 2 个条件,只要考虑所有的数是偶数即可. 于是具有所要求性质的集合的一个例子是

$$S = \{k \mid \frac{n}{2} < k \leqslant n, k \text{ 是偶数}\}$$

不难看出,这个集合的元素个数等于 $\lfloor \frac{n+2}{4} \rfloor$.

我们要求这是一个最大的数. 实际上,令 S 是具有所要求性质的集合,a 是它的

最小元素. 如果 $a \leqslant \frac{n}{2}$, 那么把 a 换为 $2a$. 显然, 新集合还有所要求的性质. 重复这一变换, 直到所有元素大于 $\frac{n}{2}$ 为止. 现在, 因为在集合中没有互质数, 所以没有 2 个相邻整数. 不难看出, 这样的集合不能有多于 $\lfloor \frac{n+2}{4} \rfloor$ 个元素.

第 23 届巴尔干数学奥林匹克

塞浦路斯, 2006

第 23 届巴尔干高中学生数学奥林匹克于 2006 年 4 月 27 日至 5 月 3 日在塞浦路斯的阿格罗斯举行. 参加国家是 9 个: 阿尔巴尼亚、保加利亚、塞浦路斯、前南斯拉夫的马其顿共和国、希腊、摩尔多瓦共和国、罗马尼亚、土耳其与塞尔维亚一门的内哥罗. 匈牙利、英国、哈萨克斯坦与俄罗斯的雅库吉亚的代表队参加了竞赛, 但不参加竞赛评奖.

23.1 令 a,b,c 是正数. 求证: 不等式
$$\frac{1}{a(1+b)}+\frac{1}{b(1+c)}+\frac{1}{c(1+a)} \geq \frac{3}{1+abc}$$

(希腊)

证 1 把不等式改写为
$$\frac{1+abc}{a(1+b)}+\frac{1+abc}{b(1+c)}+\frac{1+abc}{c(1+a)} \geq 3$$

左边各项加 1, 得到
$$\frac{1+abc+a+ab}{a(1+b)}+\frac{1+abc+b+bc}{b(1+c)}+\frac{1+abc+c+ca}{c(1+a)} \geq 6$$

或等价地
$$\frac{1+a}{a(1+b)}+\frac{b(1+c)}{1+b}+\frac{1+b}{b(1+c)}+\frac{c(a+1)}{1+c}+\frac{1+c}{c(1+a)}+\frac{a(b+1)}{1+a} \geq 6$$

因此左边 6 项的乘积等于 1, 所以不等式由算术平均数 — 几何平均数不等式推出.

证 2 令 $abc=t^3$, x,y,z 是正数, 使
$$a=t\frac{x}{y},b=t\frac{y}{z},c=t\frac{z}{x}$$

代入原不等式, 给出
$$\frac{yz}{t^2xy+tzx}+\frac{zx}{t^2yz+txy}+\frac{xy}{t^2zx+tyz} \geq \frac{3}{1+t^3}$$

记 $yz=u, zx=v, xy=w$, 我们得出等价不等式
$$\frac{u}{t^2v+tw}+\frac{v}{t^2w+tu}+\frac{w}{t^2u+tv} \geq \frac{3}{1+t^3}$$

上式可以用柯西 — 施瓦兹不等式证明. 我们有
$$\left(\sum(t^2uv+twu)\right)\left(\sum \frac{u^2}{t^2uv+twu}\right) \geq (u+v+w)^2$$

从而
$$\frac{u}{t^2v+tw}+\frac{v}{t^2w+tu}+\frac{w}{t^2u+tv}\geqslant\frac{(u+v+w)^2}{(t^2+t)(uv+vw+wu)}$$
因为
$$(u+v+w)^2\geqslant 3(uv+vw+wu)$$
我们要证明
$$\frac{1}{t^2+t}\geqslant\frac{1}{1+t^3}$$
简单的计算证明了上式等价于显然的
$$(t-1)^2(t+1)\geqslant 0$$

评述 1. 用"强有力"的方法来证明也是可能的. 去分母与重排各项导致等价不等式 $ab(b+1)(ac-1)^2+bc(c+1)(ab-1)^2+ca(a+1)(bc-1)^2\geqslant 0$, 显然成立.

2. 实际上，这个不等式是过去一个著名不等式的伪装, 后者是 1988 年在俄罗斯杂志《量子》上提出的, 为纪念美国数学会成立 100 年

$$3+A+M+S+\frac{1}{A}+\frac{1}{M}+\frac{1}{S}+\frac{A}{M}+\frac{M}{S}+\frac{S}{A}\geqslant\frac{3(A+1)(M+1)(S+1)}{1+AMS}$$

23.2 令 ABC 是三角形. 直线 l 与边 AB, AC 与 BC 向 C 外的延长线分别相交于点 D, F, E. 通过点 A, B, C 作 l 的平行线, 又分别与三角形的外接圆相交于点 A_1, B_1, C_1. 求证: 直线 A_1E, B_1F, C_1D 共点.

(希腊)

证 设直线 B_1F 与外接圆相交于 P (图 23.1). 我们要求点 C_1, D, P 共线, 从而 C_1D 通过点 P. 类似地, 我们也得出 A_1E 通过点 P, 于是证明了三直线共点.

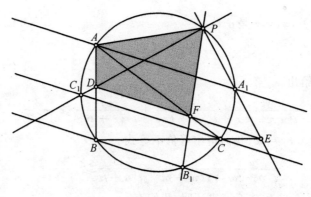

图 23.1

为了证明这个要求, 注意四边形 $ADFP$ 是循环的 (即圆内接四边形). 这是因为

四边形 ABB_1P 是循环的(即圆内接四边形),且 $DF \parallel BB_1$,因此四边形 $ADFP$ 的角等于四边形 ABB_1P 的角. 于是 $\angle DPF = \angle BAC$. 但是 $\angle BAC = \angle C_1PB_1$,因为 $\overset{\frown}{B_1C} = \overset{\frown}{BC_1}$. 由此推出 $\angle DPF = \angle C_1PF$,即点 C_1, D, P 共线.

23.3 求证:有理的三元数组 (m, n, p),使
$$m + \frac{1}{np}, n + \frac{1}{pm}, p + \frac{1}{mn}$$
都是整数.

(罗马尼亚)

证 把这 3 个数相乘,我们得出
$$\frac{(mnp+1)^3}{m^2n^2p^2}$$
也是整数. 令 $x = mnp$,对某一整数 k,设
$$\frac{(x+1)^3}{x^2} = k$$
把上式改写为
$$x^3 + (3-k)x^2 + 3x + 1 = 0$$
现在 x 是有理数,例如说 $x = \frac{a}{b}$,最大公因数 $(a, b) = 1$. 我们得出
$$a^3 + (3-k)a^2b + 3ab^2 + b^3 = 0$$
由此推出 b 整除 a,a 整除 b,因此 $x = 1$.

最后我们来求证有理数 m, n, p,使 $mnp = 1$,且 $2m, 2n, 2p$ 是整数. 不难看出,满足这些条件的三元数组是 $(1, 1, 1), (2, 1, \frac{1}{2}), (4, \frac{1}{2}, \frac{1}{2})$ 与它们的所有置换.

23.4 已知正整数 m,考虑由首项 $a_0 = a$ 与递推关系式
$$a_{n+1} = \begin{cases} \dfrac{a_n}{2}, & \text{当 } a_n \text{ 是偶数时} \\ a_n + m, & \text{当 } a_n \text{ 是奇数时} \end{cases}$$
定义的正整数数列 $\{a_n\}$. 求 a 的所有值,使得对于这样的 a,数列是循环的.

(保加利亚)

解 注意,如果 m 是偶数,那么数列不能是循环的. 实际上,某项是奇数,并且如果 m 是偶数,那么数列从那一项起是递增的. 设 m 是奇数,那么数列的一个周期是 $a_0, a_1, \cdots, a_k$(即 $a_{k+1} = a_0$ 等). 用 A 表示首项可能值为 $a_0 = a$ 的集合.

不失一般性,我们可以设 a_0 是集合 $\{a_0, a_1, \cdots, a_k\}$ 中最小元素,则 a_0 一定是奇

数（否则 $a_1 = \frac{a_0}{2} < a_0$），$a_0 \leqslant a_2 = \frac{a_0 + m}{2}$，从而 $a_0 \leqslant m$. 如果对于某个 i，我们有 $a_i \leqslant m$，那么 $a_{i+1} = \frac{a_i}{2} \leqslant m$ 或 $a_{i+1} = a_i + m \leqslant 2m$，且 a_{i+1} 是偶数. 但是在第 2 种情形中，$a_{i+2} = \frac{a_{i+1}}{2} \leqslant m$. 我们推出，$A$ 中大于 m 的元素一定是偶数，且小于或等于 $2m$.

我们要求
$$A = \{1, 2, \cdots, m-1, m, m+1, m+3, \cdots, 2m-2, 2m\}$$

为了看出这一点，考虑一个有向图，它的顶点是 A 的元素，它的边如下：当 x 是偶数时从 x 到 $\frac{x}{2}$，当 x 是奇数时从 x 到 $x+m$. 显然，每个顶点出现的次数等于 1. 另一方面，如果 $x \leqslant m$，那么只有从 $2x$ 到 x 的入边，而如果 $x > m$，那么只有从 $x-m$ 到 x 的入边. 因此每个顶点的入次也等于 1. 这表示，这个图可以分成一些圈，从而证明上述要求.

第 2 部分

补充问题

几 何 学

G.1 通过等边 $\triangle ABC$ 中心 O 的直线与 $\triangle OAB, \triangle OBC, \triangle OCA$ 的外接圆相交于点 K, L, M. 求证
$$OK^2 + OL^2 + OM^2 = 2AB^2$$

证 1 设 $\triangle ABC$ 的顶点是反时针方向的(图 S.1). 注意,把 $\triangle BOC$ 的外接圆绕 O 顺时针方向旋转 $120°$,我们得出 $\triangle AOB$ 的外接圆. 这个旋转把线段 OL 变为线段 OL',其中 L' 是 $\triangle AOB$ 外接圆上的点,使 $\angle KOL' = 60°$. 类似地,如果 M' 是同一圆上的点,使 $\angle M'OK = 60°$,那么 $OM' = OM$. 因为等边三角形的边内接于半径为 $R = \sqrt{3}R$ 的圆,所以问题可以改述如下:如果在半径为 R 的圆上选取 4 个不同点 O, K, L, M,使 $\angle KOL = \angle MOK = 60°$,那么
$$OK^2 + OL^2 + OM^2 = 6R^2$$

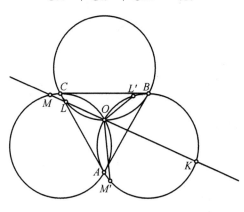

图 S.1

不难看出,在半径为 R 的圆上,度数为 α 的弧所对弦的长等于 $2R\sin\dfrac{\alpha}{2}$. 因此,例如 $\overset{\frown}{OL}$ 的度数用 α 表示,我们要证明
$$4R^2\left(\sin^2\dfrac{\alpha}{2} + \sin^2\dfrac{\alpha+120°}{2} + \sin^2\dfrac{\alpha+240°}{2}\right) = 6R^2$$
但是 $2\sin^2 x = 1 - \cos 2x$,从而上式变为
$$\cos\alpha + \cos(\alpha+120°) + \cos(\alpha+240°) = 0$$
这容易证明. 实际上我们有
$$\cos(\alpha+120°) = -\dfrac{1}{2}\cos\alpha - \dfrac{\sqrt{3}}{2}\sin\alpha$$

$$\cos(\alpha+240°)=-\frac{1}{2}\cos\alpha+\frac{\sqrt{3}}{2}\sin\alpha$$

因此
$$\cos(\alpha+120°)+\cos(\alpha+240°)=-\cos\alpha$$
这正是所需要的结果.

证 2 我们利用复数. 不失一般性,可以设点 K,L,M 的附标是 1 的立方根,即 $1,\varepsilon_1,\varepsilon_2$. 如果 z 是点 O 的附标,那么 $|z|=1$,因为 O 一定在单位圆上(图 S.2).

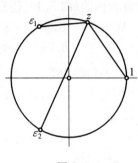

图 S.2

我们要证明
$$|z-1|^2+|z-\varepsilon_1|^2+|z-\varepsilon_2|^2=6$$

因为 ε_1 与 ε_2 是方程 $x^2+x+1=0$ 的根,所以有 $\varepsilon_1+\varepsilon_2=-1, \varepsilon_1\varepsilon_2=1$. 此外 $\bar{\varepsilon}_1=\varepsilon_2$, $\bar{\varepsilon}_2=\varepsilon_1$. 利用这一点,我们有

$$\begin{aligned}
6 &= |z-1|^2+|z-\varepsilon_1|^2+|z-\varepsilon_2|^2 \\
&= (z-1)(\bar{z}-1)+(z-\varepsilon_1)(\bar{z}-\bar{\varepsilon}_1)+(z-\varepsilon_2)(\bar{z}-\bar{\varepsilon}_2) \\
&= (z-1)(\bar{z}-1)+(z-\varepsilon_1)(\bar{z}-\varepsilon_2)+(z-\varepsilon_2)(\bar{z}-\varepsilon_1) \\
&= 3|z|^2-z(1+\varepsilon_1+\varepsilon_2)-\bar{z}(1+\varepsilon_1+\varepsilon_2)+3 \\
&= 3|z|^2+3
\end{aligned}$$

这是显然的.

评述 再利用复数,可以证明更一般的陈述:如果 $A_0 A_1 \cdots A_{n-1}$ 是单位圆的内接正多边形,P 是单位圆上任一点,那么
$$PA_0^2+PA_1^2+\cdots+PA_{n-1}^2=2n$$

实际上,令 $\varepsilon_k (0 \leqslant k \leqslant n-1)$ 是点 A_k 的附标,z 是 P 的附标. 我们可以设 ε_k 是多项式 X^n-1 的根,则
$$PA_0^2+PA_1^2+\cdots+PA_{n-1}^2=|z-\varepsilon_0|^2+|z-\varepsilon_1|^2+\cdots+|z-\varepsilon_{n-1}|^2$$
$$=\sum(z-\varepsilon_k)(\bar{z}-\bar{\varepsilon}_k)$$

几何学 ■ 135

$$= \sum (|z|^2 - \overline{z}\varepsilon_k - z\overline{\varepsilon_k} + |\varepsilon_k|^2)$$
$$= 2n - \overline{z}\sum \varepsilon_k - z\overline{\left(\sum \varepsilon_k\right)}$$
$$= 2n$$

因为 $|z| = |\varepsilon_k| = 1$ 与韦达定理给出 $\sum \varepsilon_k = 0$.

G.2 令 M 是等边 $\triangle ABC$ 内一点，A', B', C' 分别是它在边 BC, CA, AB 上的射影. 用 $r_1, r_2, r_3, r'_1, r'_2, r'_3$ 表示 $\triangle MAC', \triangle MBA', \triangle MCB', \triangle MAB', \triangle MBC', \triangle MCA'$ 的内切圆半径. 求证

$$r_1 + r_2 + r_3 = r'_1 + r'_2 + r'_3$$

证 我们利用另外一个结果.

引理 令 $\triangle XYZ$ 是直角三角形，其中 $\angle X = 90°$，边长分别为 x, y, z. 如果 r 是 $\triangle XYZ$ 内切圆半径，那么 $r = \frac{1}{2}(y + z - x)$.

证 已知 $S = rp$，其中 S 表示三角形面积，p 是它的半周长. 从而有

$$r = \frac{yz}{x + y + z}$$

但是 $x^2 = y^2 + z^2$，以致

$$\frac{yz}{x+y+z} = \frac{yz(y+z-x)}{(y+z)^2 - x^2} = \frac{yz(y+z-x)}{2yz} = \frac{1}{2}(y+z-x)$$

把引理应用在我们的问题，简单的计算证明了所要求的等式等价于

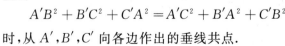

为了证明这个等式，注意

$$A'M^2 = BM^2 - A'B^2 = CM^2 - A'C^2$$

从而

$$BM^2 - CM^2 = A'B^2 - A'C^2 = (A'B - A'C) \cdot a$$

其中 a 是三角形的边长. 写出另外 2 个类似的等式并把它们相加，我们得出所要的结果(图 S.3).

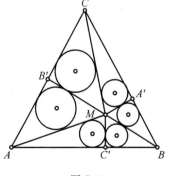

图 S.3

评述 最后的论证是卡诺定理的特殊情形：令 A', B', C' 是任意 $\triangle ABC$ 的边 BC, CA, AB 上的点，则当且仅当

$$A'B^2 + B'C^2 + C'A^2 = A'C^2 + B'A^2 + C'B^2$$

时，从 A', B', C' 向各边作出的垂线共点.

G.3 令四边形 $ABCD$ 是凸四边形，M, N 是边 AB, BC 上的点. 线段 DM, DN 与 AC

分别相交于 K,L，直线 BK,BL 与边 AD,CD 分别相交于 R,S。设 $AK=KL=LC$ 与
$$[ADM]=[CDN]=\frac{1}{4}[ABCD]$$
求证
$$[ABR]=[BCS]=\frac{1}{4}[ABCD]$$

证 开始时设 $AK=LC,[ADM]=[CDN]$。我们将证明 $[ABR]=[BCS']$。注意 $[ADK]=[CDL]$，因为 $AK=LC$，从而 $[AKM]=[CLN]$，因此点 M 与 N 到直线 AC 的距离相等。由此推出 $MN \parallel AC$（图 S.4）。令 O 是直线 AC 与 BD 的交点。把塞瓦定理应用于 $\triangle ABD$ 与 $\triangle BCD$，给出
$$\frac{RD}{RA} \cdot \frac{OB}{OD} \cdot \frac{MA}{MB} = 1$$
$$\frac{SD}{SC} \cdot \frac{OB}{OD} \cdot \frac{NC}{NB} = 1$$
但是 $\dfrac{MA}{MB}=\dfrac{NC}{NB}$，因此 $\dfrac{RD}{RA}=\dfrac{SD}{SC}$，即 $RS \parallel AC$。于是 $[ARK]=[CSL]$，因为 $[ABK]=[BLC]$，所以我们得出 $[ABR]=[BCS]$，这正是所要求的结果。

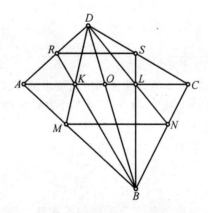

图 S.4

其次，我们来证明：如果
$$[ADM]=[CDN]=\frac{1}{2}[ABCD]$$
$$AK=KL=LC$$
那么四边形 $ABCD$ 是平行四边形，M,N,S,R 是它各边的中点。实际上，令
$$k=\frac{MB}{MA}=\frac{NB}{NC}$$
则
$$[MBD]=k[MAD]$$

$$[NBD] = k[NCD]$$

从而

$$[ABCD] = [ABD] + [BCD]$$
$$= (1+k) \cdot ([MAD] + [NCD])$$
$$= (1+k) \cdot \frac{1}{2}[ABCD]$$

我们得出 $k=1$，所以 M 与 N 是 AB 与 BC 的中点. 因为 $AK = KL$，所以 MK 是 $\triangle ABL$ 的中位线，从而 $MK \parallel BL$. 类似地，$LN \parallel BK$，因此四边形 $BKDL$ 是平行四边形. 由此推出 O 是线段 BD 的中点，这样我们就断定 K 是 $\triangle ABD$ 的重心. 这蕴含 R 是边 AD 的中点. 类似地，S 是边 CD 的中点. 最后，因为 O 是 KL 的中点，所以它也是 AC 的中点. 因此线段 AC 与 BD 有相同的中点，这蕴含四边形 $ABCD$ 是平行四边形（图 S.5）.

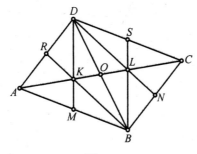

图 S.5

不难看出，在这种情形中

$$[ABR] = [BCS] = \frac{1}{4}[ABCD]$$

这正是所要求的结果.

G.4 在 $\triangle ABC$ 外部的每一边上作一个正 n 边形，与三角形共有一边. 如果这 3 个 n 边形的中心是一个等边三角形的顶点，求 n 的值.

解 我们从一个已知结果开始.

引理 令 a, b, c 是不共线的 3 点 A, B, C 的附标. 当且仅当

$$a + b\varepsilon + c\varepsilon^2 = 0$$

时，$\triangle ABC$ 是等边的，其中 ε 是 1 的 2 个非实数立方根之一.

证 设顶点 A, B, C 按照反时针方向排列（图 S.6），则当且仅当

$$a - c = (c - b)\varepsilon$$

时，$\triangle ABC$ 是等边的，其中 $\varepsilon = \cos\frac{2\pi}{3} + i\sin\frac{2\pi}{3}$. 这个方程可以写为

$$a + b\varepsilon + c(-\varepsilon - 1) = 0$$

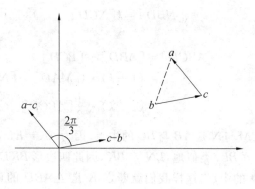

图 S.6

但是 $\varepsilon^2 + \varepsilon + 1 = 0$,从而以上方程变为
$$a + b\varepsilon + c\varepsilon^2 = 0$$
如果 A, B, C 是顺时针方向排列的,那么 A, C, B 是逆时针方向排列的,从而得出
$$a + c\varepsilon + b\varepsilon^2 = 0$$
如果 $\varepsilon' = \cos\dfrac{4\pi}{3} + i\sin\dfrac{4\pi}{3}$ 是 1 的另一个非实数立方根,那么 $\varepsilon' = \varepsilon^2$, $\varepsilon'^2 = \varepsilon^4 = \varepsilon$,因此有
$$a + b\varepsilon' + c\varepsilon'^2 = 0$$

回到我们的问题,令
$$\omega = \cos\dfrac{2\pi}{n} + i\sin\dfrac{2\pi}{n}$$
a, b, c 是三角形顶点的附标. 如果 z 是在边 AB 上作出的 n 边形中心的附标,那么我们一定有
$$b - x = \omega(a - z)$$
因此
$$z = \dfrac{\omega a - b}{\omega - 1}$$
我们推出,当且仅当
$$\dfrac{\omega a - b}{\omega - 1} + \varepsilon \dfrac{\omega b - c}{\omega - 1} + \varepsilon^2 \dfrac{\omega c - a}{\omega - 1} = 0$$
时,3 个圆心是等边三角形的顶点,其中 ε 是 1 的 2 个非实数立方根之一. 利用 $\varepsilon^3 = 1$,上式变为
$$(a + b\varepsilon + c\varepsilon^2)(\omega - c^2) = 0$$
由此推出 $\triangle ABC$ 是等边三角形且 $n \geqslant 3$ 是任一整数或 $n = 3$.

评述 $n = 3$ 的情形称为拿破仑定理(图 S.7).

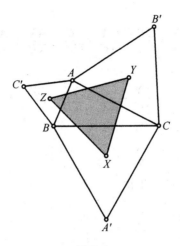

图 S.7

G.5 令 O 是 $\triangle ABC$ 内一点. 直线 OA, OB, OC 分别与边 BC, CA, AB 相交于点 D, E, F. 这 3 条直线与 EF, FD, DE 相交于点 K, L, M. 求证

$$\frac{KA}{KD} \cdot \frac{LB}{LE} \cdot \frac{MC}{MF} \geqslant 1$$

证 我们将利用以下结果.

引理 令 X, Y, Z 是 $\triangle ABC$ 的边 AB, AC, BC 上的点, 使线段 CX, BY, AZ 共点. 如果 AZ 与 XY 相交于点 T, 那么

$$\frac{AT}{TZ} = \frac{1}{2}\left(\frac{AX}{XB} + \frac{AY}{YC}\right)$$

证 如果

$$\frac{AX}{XB} = \frac{AY}{YC}$$

那么 $XY \mathbin{/\mkern-5mu/} BC$, 从而

$$\frac{AT}{TZ} = \frac{AX}{XB} = \frac{AY}{YC} = \frac{1}{2}\left(\frac{AX}{XB} + \frac{AY}{YC}\right)$$

设 XY 与 BC 相交于点 U(图 S.8). 应用门纳劳斯定理于 $\triangle ABZ$, 给出

$$\frac{AT}{TZ} \cdot \frac{XB}{AX} \cdot \frac{UZ}{UB} = 1$$

从而

$$\frac{AT}{TZ} = \frac{AX}{XB} \cdot \frac{UB}{UZ}$$

类似地

$$\frac{AT}{TZ} = \frac{AY}{YC} \cdot \frac{UC}{UZ}$$

从而我们要证明
$$\frac{AX}{XB} \cdot \frac{UB}{UZ} + \frac{AY}{YC} \cdot \frac{UC}{UZ} = \frac{AX}{XB} + \frac{AY}{YC}$$

上式等价于
$$\frac{AY}{YC} \cdot \frac{CZ}{UZ} = \frac{AX}{XB} \cdot \frac{BZ}{UZ}$$

或
$$\frac{AY}{YC} \cdot \frac{CZ}{BZ} \cdot \frac{XB}{AY} = 1$$

上式由应用塞瓦定理于 △ABC 推出.

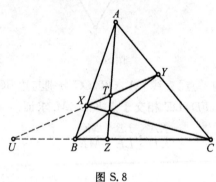

图 S.8

回到我们的问题,记
$$\frac{AF}{FB} = x, \frac{CE}{EA} = y, \frac{BD}{DC} = z$$

利用引理与算术平均数 — 几何平均数不等式,我们得出
$$\frac{KA}{KD} \cdot \frac{LB}{LE} \cdot \frac{MC}{MF} = \frac{1}{2}\left(x + \frac{1}{y}\right) \cdot \frac{1}{2}\left(y + \frac{1}{z}\right) \cdot \frac{1}{2}\left(z + \frac{1}{x}\right)$$
$$\geqslant \sqrt{\frac{x}{y}} \cdot \sqrt{\frac{y}{z}} \cdot \sqrt{\frac{z}{x}} = 1$$

这正是所需要的结果. 当且仅当 $x = y = z$ 时等式成立,这在 O 是 △ABC 的重心时才发生.

G.6 在边长为 1 的正六边形内选取一些点,使它们之间的相互距离至少是 $\sqrt{2}$. 求这些点的最大个数.

解 令 O 是六边形的中心,A,B 是使 $\angle AOB$ 最小的 2 个点. 在 △OAB 中用余弦定理给出
$$\cos\angle AOB = \frac{OA^2 + OB^2 - AB^2}{2 \cdot OA \cdot OB}$$

因为 A 与 B 在六边形内部,所以有 OA, $OB < 1$. 此外,$AB \geqslant \sqrt{2}$,结果是

$\cos\angle AOB < 0$,从而 $\angle AOB < 90°$. 我们推出只有 3 个点满足已知条件. 为了断定，我们给出 3 个点在六边形内部的例子，使所有的相互之间距离至少是 $\sqrt{2}$.

令 X, Y, Z 是六边形的 3 个不相邻顶点. 中心在 O, 比为 $r = \sqrt{\dfrac{2}{3}}$ 的位似变换把点 X, Y, Z 分别变为点 X', Y', Z'(图 S.9). 简单的计算证明了, 等边 $\triangle X'Y'Z'$ 的边长等于 $\sqrt{2}$.

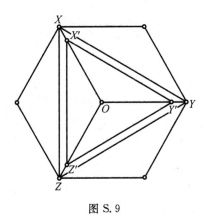

图 S.9

G.7 钝角 $\triangle ABC$ 的边长是 3 个相邻的奇整数, 且 $11\cos B = 13\cos C$. 求证 $OI = \dfrac{2}{3}\sqrt{ab}$ (O 是三角形的外心, I 是三角形的内心).

证 因为 $\cos B$ 与 $\cos C$ 同号, 所以我们推出 $\angle A$ 是钝角, $\angle B, \angle C$ 是锐角. 此外, $\cos B < \cos C$, 从而 $a > b > c$. 余弦定理给出
$$\cos A = \frac{b^2 + c^2 - a^2}{2bc} < 0$$
因此 $b^2 + c^2 < a^2$. 设
$$a = 2k+1, b = 2k-1, c = 2k-3$$
则以前的不等式给出 $2 \leqslant k \leqslant 4$, 从而三元数组 (a, b, c) 是 $(5, 3, 1), (7, 5, 3)$ 或 $(9, 7, 5)$. 因为 $b + c > a$, 所以我们只留下 2 个候选答案: $(7, 5, 3)$ 与 $(9, 7, 5)$. 利用余弦定理, 简单的计算证明了, 只是 $(7, 5, 3)$ 满足等式
$$11\cos B = 13\cos C$$
因此 $a = 7, b = 3, c = 5$.

回忆欧拉三角公式(见附录), 即在每个三角形中我们有
$$OI^2 = R^2 - 2Rr$$
其中 R 与 r 是外接圆与内切圆的半径. 其余的是显然的: 我们利用众所周知的公式
$$s = pr = \frac{abc}{4R}$$

其中 S 是三角形的面积,p 是它的半周长. 海伦公式给出
$$S = \frac{15\sqrt{3}}{4}$$
于是
$$R = \frac{7\sqrt{3}}{3}, r = \frac{\sqrt{3}}{2}$$
代入(2)我们得出
$$OI = \frac{2}{3}\sqrt{21} = \frac{2}{3}\sqrt{ab}$$
这正是所需要的结果.

G. 8 令 $A_1 A_2 \cdots A_n$ 是正多边形. 在这个多边形平面内求出具有以下性质的所有点 P,从 P 到这个多边形各顶点距离的平方是一个等差数列的相邻项.

解 已知 $\triangle ABC$,我们要求这样的点 P,使
$$2PA^2 = PB^2 + PC^2$$
如果 D 是边 BC 的中点,那么中线定理给出
$$PB^2 + PC^2 = 2PD^2 + \frac{BC^2}{2}$$
从而有
$$PA^2 - PD^2 = \frac{BC^2}{4}$$
令 P' 是 P 在直线 AD 上的射影(图 S.10),则
$$\frac{BC^2}{4} = PA^2 - PD^2 = P'A^2 - P'D^2$$
这样我们就推出 P' 是一定点. 因此 P 在垂直于中线 AD 的直线上. 此外,如果 O 是 $\triangle ABC$ 的外心,那么有
$$OA^2 - OD^2 = OB^2 - OD^2 = BD^2 = \frac{BC^2}{4}$$
因此 PP' 通过 O.

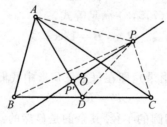

图 S.10

我们断定,点 P 的轨迹垂直于中线 AD,AD 通过 $\triangle ABC$ 的外心.

回到我们的问题. 让我们首先考虑 $n=3$ 的情形. 应用以上结果,我们推出,点 P 的轨迹使 PA_1^2,PA_2^2,PA_3^2 是一等差数列以某种顺序排列的相邻项,此轨迹是 3 条直线的并集,每条直线通过三角形的中心,且平行于三角形的一边(图 S.11).

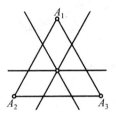

图 S.11

在 $n=4$ 的情形,考虑中心为 O 的正方形 $A_1A_2A_3A_4$,通过相对顶点与通过对边中点分别作直线,于是分这个平面为 8 个区域(图 S.12). P 所在的区域确定了距离 PA_1,PA_2,PA_3,PA_4 的相对次序. 设 P 在区域 R_1 中,如图 S.12 所示,则我们有
$$PA_2 \leqslant PA_1 \leqslant PA_3 \leqslant PA_4$$
并且除非 $P=O$,以前的不等式是严格不等式.

由假设得出结果
$$2PA_1^2 = PA_2^2 + PA_3^2$$
与
$$2PA_3^2 = PA_1^2 + PA_4^2$$

用 B 与 C 表示边 A_2A_3 与 A_1A_4 的中点,我们推出 P 属于从 O 到 A_1B 的垂线,且也属于从 O 到 A_3C 的垂线. 因为 $A_1B \parallel A_3C$,所以这 2 条垂线重合.

我们断定点 P 的轨迹是通过 O 的 4 条直线的并集,如图 S.13 所示.

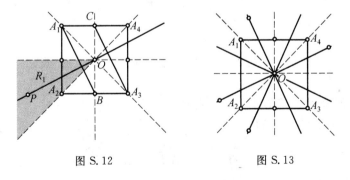

图 S.12　　　　图 S.13

如果 $n \geqslant 5$,我们用类似方法进行,但是在这种情形中,轨迹化为点 O,O 是多边形的中心. 观察图 S.14,并注意到,如果 P 属于画有阴影的区域,那么
$$PA_1 \leqslant PA_n \leqslant PA_2 \leqslant PA_{n-1}$$
B_1A_n 不平行于 $B_{n-1}A_2$. 因此从 O 到边 B_1A_n 与 $B_{n-1}A_2$ 的垂线相交于 O.

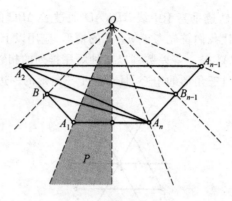

图 S.14

G.9 令 $\triangle ABC$ 是任意三角形. 如果 M 是这个三角形平面内一点, 令 M_1, M_2, M_3 是 M 关于三角形各边的射影, 令 M^* 是 $\triangle M_1 M_2 M_3$ 的重心. 求这样的 M, 使 $M = M^*$.

解 中心在 M 与比为 $\frac{1}{2}$ 的位似变换把点 M_1, M_2, M_3 变为点 A', B', C', 后 3 点是 P 在三角形的边上的射影(图 S.15).

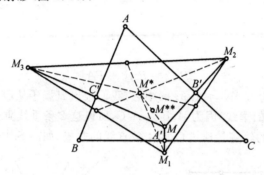

图 S.15

同一位似变换把 M^* 变为 M^{**}, M^{**} 是 $\triangle A'B'C'$ 的重心. 显然, 当且仅当 $M = M^{**}$ 时, $M = M^*$.

于是, 我们要求这样的点 M, 使它是一个三角形的重心, 此三角形是由它在 $\triangle ABC$ 的边上的射影确定的. 设 MA' 与 $B'C'$ 相交于 N(图 S.16), 则

$$\frac{NC'}{NB'} = \frac{[NC'A']}{[NB'A']} = \frac{A'C' \cdot \sin \angle NA'C'}{A'B' \cdot \sin \angle NA'B'} \tag{1}$$

把正弦定理应用于 $\triangle MA'C'$, 就给出

$$\frac{A'C'}{\sin \angle A'MC'} = \frac{MC'}{\sin \angle NA'C'}$$

因为四边形 $A'BC'M$ 是循环的(即圆内接四边形)(它的对角 $\angle A' = \angle C' = 90°$), 所以由此推出

$$\sin \angle A'MC' = \sin(180° - \angle B) = \sin B$$

我们推出
$$A'C' \cdot \sin\angle NA'C' = MC' \cdot \sin B = MC' \cdot \frac{AC}{2R}$$
后者由正弦定理用于 $\triangle ABC$ 得出(R 是 $\triangle ABC$ 的外接圆半径). 类似地,我们得出
$$A'B' \cdot \sin\angle NA'B' = MB' \cdot \frac{AB}{2R}$$
从而(1)给出
$$\frac{NC'}{NB'} = \frac{MC'}{MB'} \cdot \frac{AC}{AB}$$
如果 M 是 $\triangle A'B'C'$ 的重心,那么 $NC' = NB'$,从而
$$\frac{MB'}{MC'} = \frac{AC}{AB}$$

我们推出,当且仅当从 M 到 $\triangle ABC$ 各边的距离与各自的边长成比例时,M 是 $\triangle A'B'C'$ 的重心. 我们来证明,在这种情形中,M 是 $\triangle ABC$ 的似中线上的点,即各似中线的交点(似中线是中线关于角平分线对称的线段).

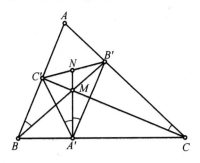

图 S.16

实际上,令 M' 是 M 关于角平分线 AD 的反射,令 B'',C'' 是它在边 AC,AB 上的射影,令 K 是 AM' 与边 BC 的交点(图 S.17). 显然的对称理由给出
$$\frac{M'C''}{M'B''} = \frac{MB'}{MC'}$$
从而
$$\frac{M'C''}{M'B''} = \frac{AC}{AB}$$
因此
$$[ABM'] = [ACM']$$
这可以写作
$$AM' \cdot BB_1 = AM' \cdot CC_1$$
其中 B_1 与 C_1 是点 B 与 C 在直线 AM' 上的射影. 我们得出 $BB_1 = CC_1$,于是 $BK = CK$,这证明了 M' 在中线 AK 上. 利用类似的论证,我们推出 M' 是 $\triangle ABC$ 的重心,因此 M 是似中线上的点.

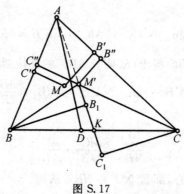

图 S.17

评述 各似中线的共点容易从塞瓦定理的三角形式推出. 似中线上的点也称为三角形的莱莫因涅点.

代数学与数论

A.1 数列 $\{x_n\}_{n\geqslant 1}$ 定义为 $x_1=3, x_2=2$,且对于所有的 $n\geqslant 2$
$$x_{n-1}x_{n+1}=x_n^2+5$$
求证:数列的所有的项都是正整数.

证 注意,所有的项是正整数. 减去方程
$$x_{n-1}x_{n+1}=x_n^2+5$$
$$x_n x_{n+2}=x_{n+1}^2+5$$
我们得出
$$x_n x_{n+2}-x_{n-1}x_{n+1}=x_{n+1}^2-x_n^2$$
这等价于
$$\frac{x_{n+2}+x_n}{x_{n+1}}=\frac{x_{n+1}+x_{n-1}}{x_n}$$
迭代此式,我们推出
$$\frac{x_{n+2}+x_n}{x_{n+1}}=\frac{x_2+x_1}{x_2}=3$$
从而对于所有的 $n\geqslant 1$,有
$$x_{n+2}=3x_{n+1}-x_n$$
因为 x_1 与 x_2 是整数,所以由此归纳地推出,数列的所有项是正整数.

A.2 令 x,y,z,t 是正整数,使
$$\frac{x}{yz}+\frac{y}{zx}+\frac{z}{xy}=t$$
求证: $t=1$ 或 3.

证 已知的方程等价于
$$x^2+y^2+z^2=txyz$$
对于已知的 t,我们考虑这个把方程中 x,y,z 当作未知数.

设 $t\geqslant 4$,我们要证明,在这种情形中,方程没有正整数解. 用反证法,设 (a,b,c) 是一个解,使 (a,b,c) 的最大值是最小的. 不失一般性,我们可以考虑 $a\geqslant b\geqslant c$. 我们有 $a>b$,否则
$$tabc=ta^2c\geqslant 4a^2>a^2+b^2+c^2$$
矛盾. 同样得出
$$abc>b^2$$

$$abc \geqslant c^2 + bc$$

从而
$$2abc > b^2 + c^2 + bc$$

我们推出
$$a^2 + b^2 + c^2 = tabc \geqslant 4abc > 2b^2 + 2c^2 + 2bc$$

这给出
$$a^2 > (b+c)^2$$

或者等价地
$$a > b + c$$

现在注意,如果(a,b,c)是一个解,那么$(tbc-a,b,c)$也是一个解.

实际上,我们有
$$(tbc-a)^2 + b^2 + c^2 - t(tbc-a)bc = a^2 + b^2 + c^2 - tabc = 0$$

另一方面
$$tabc = a^2 + b^2 + c^2 < a^2 + ab + ac$$

从而
$$tbc - a < b + c < a$$

这证明了,$(tbc-a,b,c)$的最大值小于(a,b,c)的最大值,与解(a,b,c)的选择矛盾.

其次,我们来证明,如果$t=2$,那么方程没有正整数解.设(a,b,c)是一个解,使$a+b+c$是最小的.由
$$a^2 + b^2 + c^2 = 2abc$$

我们注意到,所有3个数是偶数,或1个是偶数另2个是奇数.在第2种情形中,我们得出矛盾,因为等式左边与2同余$(\bmod 4)$,而右边却不是这样.由此推出a,b,c是偶数,设$a=2a_1, b=2b_1, c=2c_1$,我们得出
$$a_1^2 + b_1^2 + c_1^2 = 2a_1 b_1 c_1$$

即(a_1,b_1,c_1)也是一个解,并且$a_1+b_1+c_1 < a+b+c$.这个矛盾证明了我们的要求.

最后注意,当$t=1$时方程有解$(3,3,3)$,当$t=3$时,方程有解$(1,1,1)$.

A.3 令$\{x_n\}_{n \geqslant 1}$是一个数列,定义为$x_1 = 1$,且对于所有的n
$$x_{n+1} = 1 + 2x_n$$

a) 求使x_n被5整除的n.

b) 求证:不存在一个正整数$n \geqslant 2$,使n整除x_n.

解 a) 简单的归纳法证明了,对于所有的$n \geqslant 1, x_n = 2^n - 1$.因为
$$2^2 \equiv -1 (\bmod 5)$$

所以我们推出,当且仅当n被4整除时,有
$$2^n - 1 \equiv 0 (\bmod 5)$$

b) 令 $a, N > 1$ 是正整数,使最大公因数 $(a, N) = 1$. 使 $a^k \equiv 1 (\mod N)$ 的最小正整数 k 称为 a 对模 N 的次数(我们记 $k = \text{ord} a (\mod N)$). 大家知道,如果 m 是正整数,使 $a^m \equiv 1 (\mod N)$, 则 k 整除 m.

设 $n \geq 2$ 整除 $2^n - 1$, 则
$$2^n \equiv 1 (\mod n)$$
令 $p > 1$ 是 n 的最小质因数,则我们有
$$2^n \equiv 1 (\mod p)$$
费马小定理给出
$$2^{p-1} \equiv 1 (\mod p)$$
令 k 是 2 对模 p 的次数. 由此推出 k 整除 n 与 $p-1$, 因为 p 是 n 的最小质因数, 所以由此推出 $k = 1$, 于是 $p = 1$, 矛盾.

A.4 令 $F = \{E_1, E_2, \cdots, E_n\}$ 是具有以下性质的已知集合的子集族:如果 $E \in F$ 与 $E' \subset E$, 那么 $E' \in F$. 求证:存在一个置换 $\sigma: \mathscr{F} \to \mathscr{F}$, 使得对于每个 $i, 1 \leq i \leq n$ 有
$$E_i \cap \sigma(E_i) = \phi$$

证 我们对 $E_1 \cup E_2 \cup \cdots \cup E_n$ 的元素个数 K_n 利用归纳法. 考虑不平凡的情形 $K_n = 2$, 令 $\cup E_i = \{a, b\}$, 则 $n \leq 4$; 此外, 如果 $\{a, b\} \in \mathscr{F}$, 那么有
$$\mathscr{F} = \{E_1, E_2, E_3, E_4\}$$
其中 $E_1 = \varnothing, E_2 = \{a\}, E_3 = \{b\}, E_4 = \{a, b\}$. 从而置换 $\sigma: \mathscr{F} \to \mathscr{F}$ 定义为
$$\sigma(E_1) = E_4, \sigma(E_2) = E_3, \sigma(E_3) = E_2, \sigma(E_4) = E_1$$
显然有所要求的性质. 如果 $\{a, b\} \notin \mathscr{F}$, 那么
$$\mathscr{F} = \{E_1, E_2, E_3\}$$
其中 $E_1 = \varnothing, E_2 = \{a\}, E_3 = \{b\}$. 在这种情形中,置换 $\sigma: \mathscr{F} \to \mathscr{F}$ 有所要求的性质.

现在令 $x \in \cup E_i$, 定义
$$\mathscr{F}_1 = \{E - \{x\} \mid E \in \mathscr{F}, x \in E\}$$
$$\mathscr{F}_2 = \{E \mid E \in \mathscr{F}, x \notin E\}$$
注意, $\mathscr{F}_1$ 与 $\mathscr{F}_2$ 有性质:如果 $E \in \mathscr{F}_i, E' \subset E$, 那么 $E' \in \mathscr{F}_i$, 从而由归纳法假设, 我们可以求出置换 $\sigma_i: \mathscr{F}_i \to \mathscr{F}_i$, 使得对于所有的 $E \in \mathscr{F}_i$, 有
$$E \cap \sigma_i(E) = \varnothing$$
我们定义 $\sigma: \mathscr{F} \to \mathscr{F}$ 如下
$$\sigma(E) = \begin{cases} \sigma_1(E - \{x\}), & \text{当 } x \in E \text{ 时} \\ \sigma_2(E) \cup \{x\}, & \text{当 } x \notin E \text{ 且 } \sigma_1(E) \cup \{x\} \in \mathscr{F} \text{ 时} \\ \sigma_3(E), & \text{在所有其他的情形时} \end{cases}$$
不难看出 σ 是完全确定的,并且对于 $E \in \mathscr{F}$, 我们有
$$E \cap \sigma_i(E) = \varnothing$$

A.5 令 $n \geqslant 2$ 是一正整数,$p \geqslant 3$ 是质数.

a) 求证:当且仅当 n 被 p 整除时,多项式
$$f(X) = X^n + 2^p$$
可以写成 2 个非常数的整数多项式的乘积.

b) 当且仅当 n 被 4 整除时,多项式
$$g(X) = X^n + 4$$
可以写成 2 个非常数的整数多项式的乘积.

证 a) 令 $x_1, x_2, \cdots, x_n$ 是多项式 $f(X)$ 的根.不难看出它们有相等的绝对值,并且由韦达定理给出
$$x_1 x_2 \cdots x_n = (-1)^n 2^p$$
所以我们得出
$$|x_1| = |x_2| = \cdots = |x_n| = 2^{\frac{p}{n}}$$
现在设 f 可以写成 2 个非常数的整数多项式的乘积
$$f(X) = f_1(X) f_2(X)$$
其中
$$f_1(X) = a_m X^m + \cdots + a_0$$
与
$$f_2(X) = b_s X^s + \cdots + b_0$$
我们得出 $a_m b_s = 1$,从而有 $a_m = b_s = 1$ 或 $a_m = b_s = -1$.令 $x_1, \cdots, x_m$ 是 f_1 的根,$x_{m+1}, \cdots, x_n$ 是 f_2 的根,则
$$x_1 x_2 \cdots x_m = (-1)^m \frac{a_0}{a_m}$$
从而乘积 $x_1 x_2 \cdots x_m$ 是一整数.求绝对值,我们得出
$$N = 2^{\frac{pm}{n}}$$
是整数,这只有在 $\frac{pm}{n} = t$ 是整数时才有可能.因为 $m < n$,所以一定有 $t < p$,因此我们从等式
$$pm = nt$$
推出 p 整除 n(回忆,p 是质数).注意,我们没有利用条件 $p \geqslant 3$.

反之,如果 p 是能整除 n 的奇质数,那么记 $n = pk$,并注意
$$X^{pk} + 2^p = (X^k)^p + 2^p$$
$$= (X^k + 2) \cdot (X^{k(p-1)} + X^{k(p-2)} \cdot 2 + \cdots + 2^{p-1})$$

b) 也利用以前利用过的论证:如果把 g 分解因式,那么 n 一定是偶整数.此外,如果 $n = 2k$,那么 g 分解因式为

$$g(X) = (X^k + a_{k-1}X^{k-1} + \cdots + 2)(X^k + b_{k-1}X^{k-1} + \cdots + 2) \tag{1}$$

或

$$g(X) = (X^k + a_{k-1}X^{k-1} + \cdots - 2)(X^k + b_{k-1}X^{k-1} + \cdots - 2) \tag{2}$$

关键是注意到 g 的因式是 $\mathbb{Z}[X]$ 中的不可约多项式. 例如, 取

$$h(X) = X^k + a_{k-1}X^{k-1} + \cdots + 3$$

它的根也是 g 的根, 从而它们的绝对值是 $\sqrt[n]{4} = \sqrt[k]{2}$. 设 h 分解为非常数的整数多项式

$$h(X) = (X^s + \cdots + a)(X^t + \cdots + b)$$

其中 $s, t \geqslant 2$, 则 $ab = 2$, 这样我们可以设 $|a| = 1$, $|b| = 2$. 如果 $x_1, x_2, \cdots, x_s$ 是 $X^s + \cdots + a$ 的根, 那么

$$x_1 x_2 \cdots x_s = (-1)^s a$$

因此

$$2^{\frac{s}{k}} = 1$$

矛盾. 最后, 设 k 是奇数, 把 g 按式(1)中那样分解因式, 则有

$$g(-X) = (-X^k + a_{k-1}X^{k-1} + \cdots + 2)(-X^k + b_{k-1}X^{k-1} + \cdots + 2)$$
$$= (X^k - a_{k-1}X^{k-1} - \cdots - 2)(X^k - b_{k-1}X^{k-1} - \cdots - 2)$$

但是 $g(-X) = g(X)$, 因为 g 是偶函数. 从而 g 可以用 2 个不同方法分解为不可约多项式的乘积, 矛盾.

反之, 如果对于某一正整数 k, $n = 4k$, 那么

$$X^{4k} + 4 = X^{4k} + 4X^{2k} + 4 - 4X^{2k}$$
$$= (X^{2k} + 2)^2 - (2X^k)^2$$
$$= (X^{2k} + 2X^k + 2)(X^{2k} - 2X^k + 2)$$

这样, g 在 $\mathbb{Z}[X]$ 中是可约的.

A.6 令 $p < q$ 是 2 个质数. 求证: 方程

$$\frac{1}{x} - \frac{1}{y} = \frac{1}{p} - \frac{1}{q}$$

有 1 个, 2 个或 4 个正整数解.

证 已知的方程等价于

$$pq(y - x) = xy(q - p) \tag{1}$$

因为 p 与 q 是不同的质数, 所以它们两者与 $q - p$ 互质. 因此 p 与 q 中每一个整除乘积 xy. 我们来区别一些情形.

a) p 只整除 x, q 只整除 y.

记 $x = px'$, $y = qy'$, 其中最大公因数 $(x', q) = $ 最大公因数 $(y', p) = 1$, 代入(1), 给出

$$qy' - px' = x'y'(q - p)$$

我们推出 x' 与 y' 互相整除,从而 $x' = y'$. 这蕴含 $x' = y' = 1$,就推导出解 $(x,y) = (p,q)$.

b) p 整除 x 与 y, q 只整除 y.

记 $x = px'$, $y = pqy'$,其中最大公因数 $(x',q) = 1$. 我们得出
$$qy' - x' = x'y'(q-p)$$

又得出 $x' = y'$. 我们得出 $x' = \dfrac{q-1}{q-p}$,从而当且仅当 $\dfrac{q-1}{q-p}$ 是整数时,有解 $(x,y) = \left(p\dfrac{q-1}{q-p}, pq\dfrac{q-1}{q-p}\right)$.

c) p 只整除 y, q 整除 x 与 y.

记 $x = qx'$, $y = pqy'$,其中最大公因数 $(x',p) = 1$. 由(1) 我们得出
$$py' - x' = x'y'(q-p)$$

又得出 x' 与 y' 互相整除,这给出 $x' = y' = \dfrac{p-1}{q-p}$. 当且仅当 $\dfrac{p-1}{q-p}$ 是整数时,我们得出解 $(x,y) = \left(q\dfrac{p-1}{q-p}, pq\dfrac{p-1}{q-p}\right)$.

d) p 与 q 只整除 y.

在这种情形中,我们记 $y = pqy'$,其中最大公因数 $(x,p) = $ 最大公因数 $(x,q) = 1$. 由此推出
$$pqy' - x = xy'(q-p)$$

再次得出 x 与 y' 互相整除,这样 $x = y' = \dfrac{pq-1}{q-p}$. 我们推出,当且仅当 $\dfrac{pq-1}{q-p}$ 是整数时, $(x,y) = \left(\dfrac{pq-1}{q-p}, pq\dfrac{pq-1}{q-p}\right)$ 是解.

不难检验,在其余情形的每种情形中,我们得出矛盾.

最后注意
$$\dfrac{q-1}{q-p} - \dfrac{p-1}{q-p} = 1$$

从而 $\dfrac{q-1}{q-p}$ 与 $\dfrac{p-1}{q-p}$ 同时是整数.同样有
$$\dfrac{pq-1}{q-p} = -q + (q+1)\dfrac{q-1}{q-p}$$

因此,如果 $\dfrac{q-1}{q-p}$ 是整数,那么 $\dfrac{pq-1}{q-p}$ 也是整数.

我们断定,已知方程:

当 $\dfrac{pq-1}{q-p}$ 不是整数时有 1 解;

当 $\dfrac{pq-1}{q-p}$ 是整数而 $\dfrac{q-1}{q-p}$ 不是整数时有 2 解;

当 $\dfrac{q-1}{q-p}$ 是整数时有 4 解.

评述   解本题较简单的方法是注意到,式(1)等价于
$$[pq-(q-p)x][pq+(q-p)y]=p^2q^2$$
因此我们有
$$pq-(q-p)x=a$$
$$pq+(q-p)y=b$$
其中 a 与 b 是 p^2q^2 的正因数,使 $a<b$ 与 $ab=p^2q^2$. 因为这蕴含 $a<pq<b$,所以 (a,b) 只有 4 个候选答案:$(1,p^2q^2),(p,pq^2),(q,p^2q),(p^2,q^2)$. 同前解答完毕.

附 录

欧 拉 线

令 ABC 是一个三角形,O,G 与 H 分别是它的外心、重心与垂心. 如果 $\triangle ABC$ 不是等边的,那么点 O,G 与 H 是不同的,且在同一直线上,这条直线称为欧拉线(图 A.1).

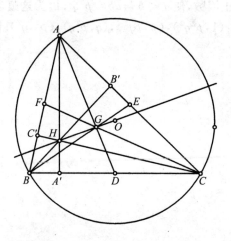

图 A.1

证明 考虑以下 3 条直线:从 A 作出的中线,从 A 作出的高线,边 BC 的垂直平分线. 不难看出,如果 3 条直线中的 2 条重合,那么所有 3 条直线重合,$\triangle ABC$ 是等腰的. 因此如果点 G,H 与 O 中有 2 点重合,那么所有 3 点重合,$\triangle ABC$ 是等边的.

令 A'' 是外接圆上一点,使 AA'' 是直径. 我们来证明四边形 $HBA''C$ 是平行四边形(图 A.2). 实际上,因为 AA'' 是直径,所以 $\angle ACA''$ 与 $\angle ABA''$ 是直角. 由此得出 $CA'' \perp AC$,从而 $CA'' \parallel HB$. 类似地,$BA'' \parallel HC$,因此 $HBA''C$ 是平行四边形.

这蕴含边 BC 的中点 D 与 HA'' 的中点重合. 在 $\triangle AHA''$ 中,OD 是中位线,从而 $OD \parallel AH$,且 $AH = 2OD$. 设中线 AD 与直线 OH 相交于 G',则 $\triangle ODG' \backsim \triangle HAG'$,且 $G'A = 2G'D$. 我们推出 G' 是中线 AD 上的点,使

$$\frac{G'D}{G'A} = \frac{1}{2}$$

即 G' 与 $\triangle ABC$ 的重心 G 重合. 由此得出 O,G 与 H 共线,且 $GH = 2OG$.

3 点共线的另一种证明是利用向量. 因为 $HBA''C$ 是平行四边形,所以有(图 A.3)

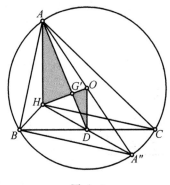
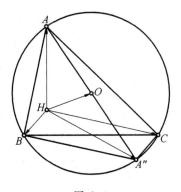

图 A.2　　　　　　　图 A.3

$$\overline{HB} + \overline{HC} = \overline{HA''}$$

从而
$$\overline{HA} + \overline{HB} + \overline{HC} = \overline{HA} + \overline{HA''} = 2\overline{HO}$$

这改写为
$$\overline{HO} + \overline{OA} + \overline{HO} + \overline{OB} + \overline{HO} + \overline{OC} = 2\overline{HO}$$

或
$$\overline{OA} + \overline{OB} + \overline{OC} = \overline{OH} \tag{1}$$

另一方面，大家知道，对任一点 M 有
$$\overline{MA} + \overline{MB} + \overline{MC} = 3\overline{MG}$$

从而
$$\overline{OA} + \overline{OB} + \overline{OC} = 3\overline{OG}$$

等式
$$\overline{OH} = 3\overline{OG}$$

证明了点 O,G 与 H 共线.

评述　　等式(1)证明了，原点在外心 O 上的复平面内，垂心的附标是
$$h = a + b + c$$
其中 a,b,c 是点 A,B,C 的附标.

九　点　圆

在任意三角形中，3 边的中点，3 条高的足，垂心到 3 个顶点连成的线段的中点在同一圆上（九点圆）. 这个圆的圆心是垂心到外心连成的线段的中点（图 A.4）.

证　　考虑 $\triangle ABC$，令 D,E 与 F 分别是边 BC,CA 与 AB 的中点. 令 A' 是从 A 作出的高的足（图 A.5）. 四边形 $A'DEF$ 是梯形，因为 $EF \parallel BC$. 并且
$$DE = \frac{AB}{2} = A'F$$

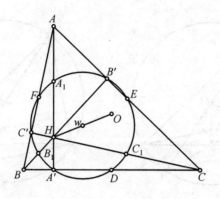

图 A.4

（在 Rt$\triangle ABA'$ 中，中线 $A'F$ 的长是斜边长的一半）．从而 $A'DEF$ 是等腰梯形，因此是循环梯形（即圆内接梯形）．我们推出点 A' 在 $\triangle DEF$ 的外接圆上．用同样方法得出，另 2 条高的足 B' 与 C' 也在这个圆上．

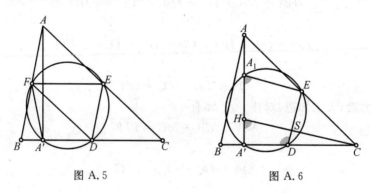

图 A.5　　　　　图 A.6

令 A_1 是线段 HA 的中点，其中 H 是 $\triangle ABC$ 的垂心．在 $\triangle AHC$ 中，A_1E 是中位线，从而 $A_1E \parallel HC$．由此推出 $\angle HA_1E = \angle A'HC$．但是四边形 $HA'DS$ 是循环的（即圆内接四边形）（$HS \perp DE$, $HA' \perp A'D$），从而
$$\angle A'HC = 180° - \angle A'DS$$
由此得出
$$\angle HA_1E = 180° - \angle A'DS$$
因此四边形 A_1EDA' 也是循环的．这表示点 A_1 在 $\triangle EDA'$ 的外接圆上，这个圆与 $\triangle DEF$ 的外接圆相同．类似地，可以证明，线段 HB 与 HC 的另外 2 个中点在同一圆上．

最后来证明这个圆的圆心是线段 OH 的中点 ω，其中 O 是 $\triangle ABC$ 的外心．我们知道（见欧拉线），$OD \parallel HA$, $HA = 2OD$．由此得出 $OD = HA_1$，因此 $ODHA_1$ 是平行四边形（图 A.7）．由此得出线段 OH 的中点 ω 与线段 A_1D 的中点重合．

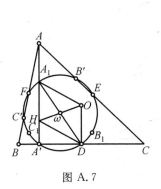
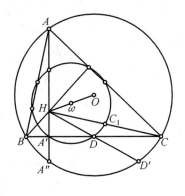

图 A.7　　　　　　　　　图 A.8

但是 $\angle A_1A'D$ 是直角,从而 A_1D 是九点圆的直径. 我们断定点 ω 确实是它的圆心.

另一种证明是利用几何变换. 令 A'' 是直线 HA 与 $\triangle ABC$ 外接圆的交点(图 A.8). 我们有
$$\angle A''BC = \angle A''AC = 90° - \angle ACB = \angle CBB'$$
从而 BA' 是 $\triangle HBA''$ 的角平分线,但 BA' 又是同一个三角形的高. 从而 $\triangle HBA''$ 是等腰的,因此 A' 是线段 HA'' 的中点. 如果 D' 是外接圆上一点,使 AD' 是直径,那么我们知道(见欧拉线), D 是 HD' 的中点. 因为 C_1 是 HC 的中点,所以注意到以中心 H 与比 $\frac{1}{2}$ 的位似变换把点 A'', D' 与 C 变为点 A', D 与 C_1.

由此得出, A', D 与 C_1 在 $\triangle ABC$ 外接圆位似变换所得的像上,这个圆是具有圆心 ω(HO 的中点)的圆.

欧拉三角公式

令 ABC 是任意三角形, O 是它的外心, I 是它的内心. 如果外接圆半径与内切圆半径用 R 与 r 表示,那么
$$OI^2 = R^2 - 2Rr$$

证　设 $\angle A$ 的角平分线与外接圆相交于 A', 令 E 是外接圆上一点,使 $A'E$ 是直径(图 A.9). 如果 D 是内心在边 AC 上的射影,那么 $ID = r$, $\triangle AID \backsim \triangle EA'C$, 从而
$$\frac{AI}{ID} = \frac{EA'}{A'C} \tag{1}$$
注意到 $\triangle IA'C$ 是等腰的. 实际上, $\angle A'IC$ 是外接圆的内角,从而
$$\angle A'IC = \frac{1}{2}(\text{arc}AF + \text{arc}CA')$$
$$= \frac{1}{2}(\text{arc}FB + \text{arc}BA')$$

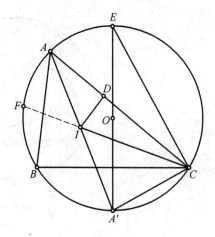

图 A.9

$$= \angle A'CI$$

从而 $A'C = IA'$,因此(1) 成为

$$\frac{AI}{ID} = \frac{EA'}{IA'}$$

或者

$$AI \cdot IA' = 2R \cdot r$$

把点幂定理应用于 I,给出

$$AI \cdot IA' = R^2 - OI^2$$

因此

$$OI^2 = R^2 - 2R \cdot r$$

另一种可能的方法是利用计算. 已知对于三角形平面内任一点 M,以下等式成立

$$\overline{MI} = \frac{a\overline{MA} + b\overline{MB} + c\overline{MC}}{a+b+c}$$

对 $M = O$ 应用上式并平方,得

$$OI^2 = \frac{1}{(a+b+c)^2}(a\,\overline{OA} + b\,\overline{OB} + c\,\overline{OC})^2$$

$$= \frac{1}{(a+b+c)^2}\left(R^2\sum a^2 + 2\sum ab \cdot \overline{OA} \cdot \overline{OB}\right)$$

但是

$$\overline{OA} \cdot \overline{OB} = R^2 \cos\angle 2C$$
$$= R^2(1 - 2\sin^2\angle C)$$
$$= R^2\left(1 - \frac{c^2}{2R^2}\right)$$
$$= R^2 - \frac{1}{2}c^2$$

我们得出
$$OI^2 = \frac{1}{(a+b+c)^2}\left(R^2\left(\sum a^2 + 2\sum ab\right) - abc(a+b+c)\right)$$
$$= \frac{1}{(a+b+c)^2}\left(R^2(a+b+c)^2 - abc(a+b+c)\right)$$
$$= R^2 - \frac{abc}{a+b+c}$$

最后代入 $abc = 4RS$ 与 $a+b+c = \dfrac{2s}{r}$,就给出要求的结果.

评述 欧拉公式显然蕴含众所周知的不等式
$$R = 2r$$
(又称欧拉不等式),它在每个三角形中都成立.

莱布尼茨关系式

令 ABC 是三角形,O 与 G 是它的外心与重心. 如果 R 是外接圆半径,那么
$$OG^2 = R^2 - \frac{1}{9}(a^2 + b^2 + c^2) \tag{1}$$

已知
$$3\overline{OG} = \overline{OA} + \overline{OB} + \overline{OC}$$

平方此等式,得出
$$9OG^2 = \sum OA^2 + 2\sum \overline{OA} \cdot \overline{OB} = 3R^2 + 2\sum \overline{OA} \cdot \overline{OB}$$

我们有
$$\overline{OA} \cdot \overline{OB} = OA \cdot OB \cdot \cos\angle AOB = R^2 \cos 2C$$

利用三角公式与正弦定理,得出
$$R^2\cos 2C = R^2(1 - 2\sin^2 C) = R^2\left(1 - \frac{a^2}{2R^2}\right) = R^2 - \frac{1}{2}a^2$$

从而
$$9OG^2 = 3R^2 + 2\left(3R^2 - \frac{1}{2}\sum a^2\right) = 9R^2 - \sum a^2$$

除以 9 给出要求的结果.

评述 正如"欧拉线"中所证明,有
$$OH = 3OG$$

因此(1)变成
$$\frac{1}{9}OH^2 = R^2 - \frac{1}{9}(a^2 + b^2 + c^2)$$

或

$$OH^2 = 9R^2 - (a^2 + b^2 + c^2)$$

这也可以用平方下式来证明

$$\overline{OH} = \overline{OA} + \overline{OB} + \overline{OC}$$

埃森斯坦准则

令 $f(X) = a_0 + a_1 X + \cdots + a_n X^n$ 是整系数多项式. 如果存在一个质数 p, 使系数 $a_0, a_1, \cdots, a_{n-2}$ 与 a_{n-1} 被 p 整除, a_n 不被 p 整除, a_0 不被 p^2 整除, 那么 f 不能写成 2 个非常数的整多项式的乘积.

证 用反证法, 设 $f = gh$, 其中 g 与 h 是非常数的整系数多项式. 如果

$$g(X) = b_0 + b_1 X + \cdots + b_s X^s$$
$$h(X) = c_0 + c_1 X + \cdots + c_t X^t$$

且 $s \leqslant t$, 那么等式 $f = hg$ 给出

$$a_0 = b_0 c_0$$
$$a_1 = b_0 c_1 + b_1 c_0$$
$$a_2 = b_0 c_2 + b_1 c_1 + b_2 c_0$$
$$\vdots$$
$$a_s = b_0 c_s + b_1 c_{s-1} + \cdots + b_{s-1} c_1 + b_s c_0$$
$$\vdots$$
$$a_t = b_0 c_t + b_1 c_{t-1} + \cdots + b_s c_{t-s}$$
$$\vdots$$
$$a_n = b_s c_t$$

因为 a_0 被 p 整除但不被 p^2 整除, 所以得出数 b_0 与 c_0 中恰有一数被 p 整除. 设 p 整除 b_0 且不整除 c_0.

因为 p 整除 $a_1 = b_0 c_1 + b_1 c_0$ 且整除 b_0, 所以得出 p 整除 $b_1 c_0$; 但是 p 不整除 c_0, 因此 p 整除 b_1.

现在, p 整除 $a_2 = b_0 c_2 + b_1 c_1 + b_2 c_0$, 且整除 b_0 与 b_1, 因此 p 整除 $b_2 c_0$; 因为 p 不整除 c_0, 结果得出 p 整除 b_2.

用相同方法, 依次得出 p 整除 $b_3, \cdots, b_{s+1}$ 与 b_s. 但是此时 p 整除 $b_s c_t = a_n$, 这是一个矛盾.

作为埃森斯坦准则的应用, 让我们来证明问题 18.2 的解答中所用的结果.

引理 如果 p 是一质数, 那么多项式

$$f(X) = X^{p-1} + X^{p-2} + \cdots + X + 1$$

不能写成 2 个非常数整多项式的乘积.

证 我们有

$$f(X) = \frac{X^p - 1}{X - 1}$$

从而多项式 $g(X) = f(X+1)$ 能写成
$$g(X) = \frac{(X+1)^p - 1}{X} = X^{p-1} + \binom{p}{1} X^{p-2} + \cdots + \binom{p}{p-2} X + \binom{p}{p-1}$$

注意,我们能对质数 p 应用埃森斯坦准则. 实际上,对每个 $k, 1 \leqslant k \leqslant p-1$, p 整除 $\binom{p}{k}$,因为
$$k \binom{p}{k} = p \binom{p-1}{k-1}$$

p^2 不整除 $\binom{p}{p-1} = p$.

杨氏不等式

令 $f:[0, +\infty] \to \mathbb{R}$ 是严格递增的连续函数,且 $f(0) = 0$, $\lim\limits_{x \to +\infty} f(x) = +\infty$,则对于任何正整数 a 与 b,有
$$\int_0^a f(x) \mathrm{d}x + \int_0^b f^{-1}(x) \mathrm{d}x \geqslant ab$$

这个不等式有一个几何解释. 积分 $\int_0^a f(x) \mathrm{d}x$ 等于以 f 的图形,Ox 轴与直线 $x = a$ 为边界的平面的面积(在图 A.10 中用 A 表示). 积分 $\int_0^b f^{-1}(x) \mathrm{d}x$ 等于以 f 的图形,Oy 轴与直线 $y = b$ 为边界的平面的面积(在图 A.10 中用 B 表示).

容易看出,这 2 个面积之和不小于边长 a, b 的矩形面积. 并且当且仅当 $f(a) = b$ 时,等式成立.

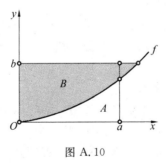

图 A.10

术 语 表

算术平均值 - 几何平均值不等式 对于任何正数 $x_1, x_2, \cdots, x_n$,有
$$\frac{x_1 + x_2 + \cdots + x_n}{n} \geqslant \sqrt[n]{x_1 x_2 \cdots x_n}$$

当且仅当 $x_1 = x_2 = \cdots = x_n$ 时,等式成立.

角平分线定理 如果 D 是 $\triangle ABC$ 的边 BC 上一点,使 AD 平分 $\angle A$,那么
$$\frac{BD}{DC}=\frac{AB}{AC}$$

双射函数 一对一且到上的函数.

柯西－施瓦兹不等式 如果 $a_1, a_2, \cdots, a_n, b_1, b_2, \cdots, b_n$ 是非零实数,那么
$$(a_1^2+a_2^2+\cdots+a_n^2)(b_1^2+b_2^2+\cdots+b_n^2)$$
$$\geqslant (a_1b_1+a_2b_2+\cdots+a_nb_n)^2$$

当且仅当 $\frac{a_1}{b_1}=\frac{a_2}{b_2}=\cdots=\frac{a_n}{b_n}$ 时,等式成立.

三角形的重心 3 条中线的交点.

塞瓦定理 令 AA', BB' 与 CC' 是 $\triangle ABC$ 的 3 条塞瓦线,则当且仅当
$$\frac{A'B}{A'C} \cdot \frac{B'C}{B'A} \cdot \frac{C'A}{C'B}=1$$

时,AA', BB' 与 CC' 才共点.

三角形式的塞瓦定理 令 AA', BB' 与 CC' 是 $\triangle ABC$ 的 3 条塞瓦线,则当且仅当
$$\frac{\sin\angle A'AB}{\sin\angle A'AC} \cdot \frac{\sin\angle B'BC}{\sin\angle B'BA} \cdot \frac{\sin\angle C'CA}{\sin\angle C'CB}=1$$

时,AA', BB' 与 CC' 才共点.

塞瓦线 联结三角形的一个顶点与对边一点的任一线段.

外心 外接圆的圆心.

外接圆 图形外接的圆.

凸函数 函数 $f: I \to \mathbb{R}$(其中 I 是一区间)是凸的(向上凹的),如果对于任何 $x_1, x_2 \in I$ 与任一 $\lambda \in [0,1]$,有
$$\lambda f(x_1)+(1-\lambda)f(x_2) \geqslant f(\lambda x_1+(1-\lambda)x_2)$$

凸四边形 四边形 $ABCD$ 是凸的,如果线段 AC 与 BD 相交(或者等价地,如果它的所有内角都小于 $180°$).

余弦定理 在 $\triangle ABC$ 中有
$$BC^2=AB^2+AC^2-2AB \cdot AC \cdot \cos\angle BAC$$

循环多边形 可以内接于一圆的多边形.

埃森斯坦准则 令 $f=a_0+a_1X+\cdots+a_nX^n$ 是一整多项式.如果 p 是一质数,使 p 整除 $a_0, a_1, \cdots, a_{n-1}$,$p$ 不整除 a_n,p^2 不整除 a_0,那么 f 不能写成 2 个(非常数)整多项式之乘积.

欧拉线 通过三角形的外心、垂线与重心的直线.

费马小定理 如果 p 是一质数,那么对于任一整数,有 $a^p \equiv a \pmod{p}$.并且,如果 p 不整除 a,那么有 $a^{p-1} \equiv 1 \pmod{p}$.

调和平均数－算术平均数不等式 对于任何正数 $x_1, x_2, \cdots, x_n$,有

$$\frac{n}{\dfrac{1}{x_1}+\dfrac{1}{x_2}+\cdots+\dfrac{1}{x_n}} \leqslant \frac{x_1+x_2+\cdots+x_n}{n}$$

当且仅当 $x_1=x_2=\cdots=x_n$ 时等式成立.

海伦公式 如果 a,b,c 是三角形的三边长，S 表示它的面积，$p=\dfrac{a+b+c}{2}$ 是它的半周长，那么

$$S=\sqrt{p(p-a)(p-b)(p-c)}$$

位似 中心为 O 与比值为 r 的位似变换是把平面内每一点 p 变为点 p' 的一个变换，使 $\overrightarrow{Op'}=r\overrightarrow{Op}$.

内心 内切圆的圆心.

内切圆 与平面图形内切的圆.

内径 内切圆的半径.

反演 如果 O 是平面内一点，ρ 是一正实数，那么通过 O 具有半径 ρ 的反演是这样一变换，使每一点 $P\neq O$ 变为点 $P'\in OP$（OP 使 $OP\cdot OP'=\rho^2$）.

詹森不等式 如果函数 $f:I\to\mathbb{R}$（其中 I 是一区间）是凸的（向上凹的），那么对于任何 $x_1,x_2,\cdots,x_n\in I$ 与任何 $\lambda_1,\lambda_2,\cdots,\lambda_n\in[0,1]$，使 $\sum\lambda_i=1$，有

$$\lambda_1 f(x_1)+\lambda_2 f(x_2)+\cdots+\lambda_n f(x_n)\geqslant f(\lambda_1 x_1+\lambda_2 x_2+\cdots+\lambda_n x_n)$$

中线定理 如果 AD 是 $\triangle ABC$ 的中线，那么

$$AD^2=\frac{2(AB^2+AC^2)-BC^2}{4}$$

门纳劳斯定理 在直线 AB, BC 与 CA 上取点 M, N 与 P，使恰好有一点或全部3点分别在线段 AB, BC 与 CA 的外部，则当且仅当

$$\frac{MA}{MB}\cdot\frac{NB}{NC}\cdot\frac{PC}{PA}=1$$

时 M,N,P 共线.

棣莫弗公式 对于任一角 α 与任一整数 n，有

$$(\cos\alpha+\mathrm{i}\sin\alpha)^n=\cos n\alpha+\mathrm{i}\sin\alpha$$

九点圆 通过已知三角形3边中点，3条高的足，垂心到3顶点成线段的中点的圆.

一对一函数 函数 $f:A\to B$ 使得，如果 $x\neq y$，那么 $f(x)\neq f(y)$.

映成函数 函数 $f:A\to B$ 使得对于 $y\in B$，至少存在一个 $x\in A$ 使 $f(x)=y$.

垂心 三角形3条高的交点.

点的幂 如果 P 在圆 C 内，弦 AB, $A'B'$ 通过 P，那么

$$PA\cdot PB=PA'\cdot PB'=R^2-OP^2$$

其中 O 与 R 是 P 的外心与半径. 如果 P 在圆 C 外，那么

$$PA\cdot PB=PA'\cdot PB'=OP^2-R^2$$

数 $\rho(P) = OP^2 - R^2$ 称为点 P 关于圆 C 的幂.

1 的根   方程 $z^n - 1 = 0$ 的解.

正弦定理   如果 a, b, c 是 $\triangle ABC$ 的 3 条边长,R 是它的外接圆半径,那么
$$\frac{a}{\sin A} = \frac{b}{\sin B} = \frac{c}{\sin C} = 2R$$

对称中心   点 O 是图形 F 的对称中心,如果对于任一点 $M \in F$,存在点 $M' \in F$,使 O 是线段 MM' 的中点.

韦达定理   如果 $x_1, x_2, \cdots, x_n$ 是多项式
$$P(X) = a_0 + a_1 X + \cdots + a_n X^n$$
的根,那么以下等式成立
$$x_1 + x_2 + \cdots + x_n = -\frac{a_{n-1}}{a_n}$$
$$x_1 x_2 + x_1 x_3 + \cdots + x_{n-1} x_n = \frac{a_{n-2}}{a_n}$$
$$\vdots$$
$$x_2 x_3 \cdots x_n + x_1 x_3 \cdots x_n + \cdots + x_1 x_2 \cdots x_{n-1} = (-1)^{n-1} \frac{a_1}{a_n}$$
$$x_1 x_2 \cdots x_n = (-1)^n \frac{a_0}{a_n}$$

符号索引

$\mathbb{Z}$ 整数集合

$\mathbb{Q}$ 有理数集合

$\mathbb{R}$ 实数集合

$\mathbb{C}$ 复数集合

$\mathbb{Z}_n$ 模为 n 的残余环

$\mathbb{F}_p$(或 $\mathbb{Z}_p$)   模为 p 的残余域

$|A|$ 有限集合 A 的元素个数

$[a,b]$ 使 $a \leqslant x \leqslant b$ 的实数 x 的集合

(a,b) 使 $a < x < b$ 的实数 x 的集合

AB 直线或线段 AB；也表示线段 AB 的长

$(AB$ 射线(半直线) AB

$\overline{AB}$ 向量 AB

$[F]$ 图形 F 的面积

$\lfloor x \rfloor$ 实数 x 的整数部分

参考文献

[1] IOAN TOMESCU ET AL. Olimpiadele Balcanice de Matematică,Editura Gil,Zalău,[M]:[s. n.],1996.
[2] V. IANKOVICI,Z. KADELBURG,P. MLADENOVICI,Mejunarodne i Balkanske Matematicke Olimpiade [M]:[s. n.],1996.
[3] M. BECHEANU,B. ENESCU,Romanian Mathematical Competitions[M]:[s. n.],1999.
[4] M. BECHEANU,M. BALUNA,B. ENESCU,Romanian Mathematical Competitions[M]:[s. n.],2000.
[5] GAZETA MATEMATICA[J]:[s. n.],1984—2006.

哈尔滨工业大学出版社刘培杰数学工作室
已出版(即将出版)图书目录

书　名	出版时间	定　价	编号
新编中学数学解题方法全书(高中版)上卷	2007—09	38.00	7
新编中学数学解题方法全书(高中版)中卷	2007—09	48.00	8
新编中学数学解题方法全书(高中版)下卷(一)	2007—09	42.00	17
新编中学数学解题方法全书(高中版)下卷(二)	2007—09	38.00	18
新编中学数学解题方法全书(高中版)下卷(三)	2010—06	58.00	73
新编中学数学解题方法全书(初中版)上卷	2008—01	28.00	29
新编中学数学解题方法全书(初中版)中卷	2010—07	38.00	75
新编中学数学解题方法全书(高考复习卷)	2010—01	48.00	67
新编中学数学解题方法全书(高考真题卷)	2010—01	38.00	62
新编中学数学解题方法全书(高考精华卷)	2011—03	68.00	118
新编平面解析几何解题方法全书(专题讲座卷)	2010—01	18.00	61
新编中学数学解题方法全书(自主招生卷)	2013—08	88.00	261
数学眼光透视	2008—01	38.00	24
数学思想领悟	2008—01	38.00	25
数学应用展观	2008—01	38.00	26
数学建模导引	2008—01	28.00	23
数学方法溯源	2008—01	38.00	27
数学史话览胜	2008—01	28.00	28
数学思维技术	2013—09	38.00	260
从毕达哥拉斯到怀尔斯	2007—10	48.00	9
从迪利克雷到维斯卡尔迪	2008—01	48.00	21
从哥德巴赫到陈景润	2008—05	98.00	35
从庞加莱到佩雷尔曼	2011—08	138.00	136
数学解题中的物理方法	2011—06	28.00	114
数学解题的特殊方法	2011—06	48.00	115
中学数学计算技巧	2012—01	48.00	116
中学数学证明方法	2012—01	58.00	117
数学趣题巧解	2012—03	28.00	128
三角形中的角格点问题	2013—01	88.00	207
含参数的方程和不等式	2012—09	28.00	213

哈尔滨工业大学出版社刘培杰数学工作室
已出版(即将出版)图书目录

书　名	出版时间	定　价	编号
数学奥林匹克与数学文化(第一辑)	2006—05	48.00	4
数学奥林匹克与数学文化(第二辑)(竞赛卷)	2008—01	48.00	19
数学奥林匹克与数学文化(第二辑)(文化卷)	2008—07	58.00	36'
数学奥林匹克与数学文化(第三辑)(竞赛卷)	2010—01	48.00	59
数学奥林匹克与数学文化(第四辑)(竞赛卷)	2011—08	58.00	87
数学奥林匹克与数学文化(第五辑)	2014—09		370
发展空间想象力	2010—01	38.00	57
走向国际数学奥林匹克的平面几何试题诠释(上、下)(第1版)	2007—01	68.00	11,12
走向国际数学奥林匹克的平面几何试题诠释(上、下)(第2版)	2010—02	98.00	63,64
平面几何证明方法全书	2007—08	35.00	1
平面几何证明方法全书习题解答(第1版)	2005—10	18.00	2
平面几何证明方法全书习题解答(第2版)	2006—12	18.00	10
平面几何天天练上卷·基础篇(直线型)	2013—01	58.00	208
平面几何天天练中卷·基础篇(涉及圆)	2013—01	28.00	234
平面几何天天练下卷·提高篇	2013—01	58.00	237
平面几何专题研究	2013—07	98.00	258
最新世界各国数学奥林匹克中的平面几何试题	2007—09	38.00	14
数学竞赛平面几何典型题及新颖解	2010—07	48.00	74
初等数学复习及研究(平面几何)	2008—09	58.00	38
初等数学复习及研究(立体几何)	2010—06	38.00	71
初等数学复习及研究(平面几何)习题解答	2009—01	48.00	42
世界著名平面几何经典著作钩沉——几何作图专题卷(上)	2009—06	48.00	49
世界著名平面几何经典著作钩沉——几何作图专题卷(下)	2011—01	88.00	80
世界著名平面几何经典著作钩沉(民国平面几何老课本)	2011—03	38.00	113
世界著名解析几何经典著作钩沉——平面解析几何卷	2014—01	38.00	273
世界著名数论经典著作钩沉(算术卷)	2012—01	28.00	125
世界著名数学经典著作钩沉——立体几何卷	2011—02	28.00	88
世界著名三角学经典著作钩沉(平面三角Ⅰ)	2010—06	28.00	69
世界著名三角学经典著作钩沉(平面三角卷Ⅱ)	2011—01	38.00	78
世界著名初等数论经典著作钩沉(理论和实用算术卷)	2011—07	38.00	126
几何学教程(平面几何卷)	2011—03	68.00	90
几何学教程(立体几何卷)	2011—07	68.00	130
几何变换与几何证题	2010—06	88.00	70
计算方法与几何证题	2011—06	28.00	129
立体几何技巧与方法	2014—04	88.00	293
几何瑰宝——平面几何500名题暨1000条定理(上、下)	2010—07	138.00	76,77
三角形的解法与应用	2012—07	18.00	183
近代的三角形几何学	2012—07	48.00	184
一般折线几何学	即将出版	58.00	203
三角形的五心	2009—06	28.00	51
三角形趣谈	2012—08	28.00	212
解三角形	2014—01	28.00	265
三角学专门教程	2014—09	28.00	387
距离几何分析导引	2015—02	68.00	446

哈尔滨工业大学出版社刘培杰数学工作室
已出版(即将出版)图书目录

书　名	出版时间	定　价	编号
圆锥曲线习题集(上册)	2013—06	68.00	255
圆锥曲线习题集(中册)	2015—01	78.00	434
圆锥曲线习题集(下册)	即将出版		
俄罗斯平面几何问题集	2009—08	88.00	55
俄罗斯立体几何问题集	2014—03	58.00	283
俄罗斯几何大师——沙雷金论数学及其他	2014—01	48.00	271
来自俄罗斯的5000道几何习题及解答	2011—03	58.00	89
俄罗斯初等数学问题集	2012—05	38.00	177
俄罗斯函数问题集	2011—03	38.00	103
俄罗斯组合分析问题集	2011—01	48.00	79
俄罗斯初等数学万题选——三角卷	2012—11	38.00	222
俄罗斯初等数学万题选——代数卷	2013—08	68.00	225
俄罗斯初等数学万题选——几何卷	2014—01	68.00	226
463个俄罗斯几何老问题	2012—01	28.00	152
近代欧氏几何学	2012—03	48.00	162
罗巴切夫斯基几何学及几何基础概要	2012—07	28.00	188
用三角、解析几何、复数、向量计算解数学竞赛几何题	2015—03	48.00	455
美国中学几何教程	2015—04	88.00	458
三线坐标与三角形特征点	2015—04	98.00	460
平面解析几何方法与研究(第1卷)	2015—05	18.00	471
平面解析几何方法与研究(第2卷)	2015—06	18.00	472
平面解析几何方法与研究(第3卷)	即将出版		473
超越吉米多维奇——数列的极限	2009—11	48.00	58
超越普里瓦洛夫——留数卷	2015—01	28.00	437
超越普里瓦洛夫——无穷乘积与它对解析函数的应用卷	2015—05	28.00	477
Barban Davenport Halberstam 均值和	2009—01	40.00	33
初等数论难题集(第一卷)	2009—05	68.00	44
初等数论难题集(第二卷)(上、下)	2011—02	128.00	82,83
谈谈素数	2011—03	18.00	91
平方和	2011—03	18.00	92
数论概貌	2011—03	18.00	93
代数数论(第二版)	2013—08	58.00	94
代数多项式	2014—06	38.00	289
初等数论的知识与问题	2011—02	28.00	95
超越数论基础	2011—03	28.00	96
数论初等教程	2011—03	28.00	97
数论基础	2011—03	18.00	98
数论基础与维诺格拉多夫	2014—03	18.00	292
解析数论基础	2012—08	28.00	216
解析数论基础(第二版)	2014—01	48.00	287
解析数论问题集(第二版)	2014—05	88.00	343
解析几何研究	2015—01	38.00	425
初等几何研究	2015—02	58.00	444
数论入门	2011—03	38.00	99
代数数论入门	2015—03	38.00	448
数论开篇	2012—07	28.00	194
解析数论引论	2011—03	48.00	100

哈尔滨工业大学出版社刘培杰数学工作室
已出版(即将出版)图书目录

书　名	出版时间	定　价	编号
复变函数引论	2013—10	68.00	269
伸缩变换与抛物旋转	2015—01	38.00	449
无穷分析引论(上)	2013—04	88.00	247
无穷分析引论(下)	2013—04	98.00	245
数学分析	2014—04	28.00	338
数学分析中的一个新方法及其应用	2013—01	38.00	231
数学分析例选:通过范例学技巧	2013—01	88.00	243
高等代数例选:通过范例学技巧	2015—06	88.00	475
三角级数论(上册)(陈建功)	2013—01	38.00	232
三角级数论(下册)(陈建功)	2013—01	48.00	233
三角级数论(哈代)	2013—06	48.00	254
基础数论	2011—03	28.00	101
超越数	2011—03	18.00	109
三角和方法	2011—03	18.00	112
谈谈不定方程	2011—05	28.00	119
整数论	2011—05	38.00	120
随机过程(Ⅰ)	2014—01	78.00	224
随机过程(Ⅱ)	2014—01	68.00	235
整数的性质	2012—11	38.00	192
初等数论100例	2011—05	18.00	122
初等数论经典例题	2012—07	18.00	204
最新世界各国数学奥林匹克中的初等数论试题(上、下)	2012—01	138.00	144,145
算术探索	2011—12	158.00	148
初等数论(Ⅰ)	2012—01	18.00	156
初等数论(Ⅱ)	2012—01	18.00	157
初等数论(Ⅲ)	2012—01	28.00	158
组合数学	2012—04	28.00	178
组合数学浅谈	2012—03	28.00	159
同余理论	2012—05	38.00	163
丢番图方程引论	2012—03	48.00	172
平面几何与数论中未解决的新老问题	2013—01	68.00	229
法雷级数	2014—08	18.00	367
代数数论简史	2014—11	28.00	408
摆线族	2015—01	38.00	438
拉普拉斯变换及其应用	2015—02	38.00	447
函数方程及其解法	2015—05	38.00	470
罗巴切夫斯基几何学初步	2015—06	28.00	474
[x]与{x}	2015—04	48.00	476
历届美国中学生数学竞赛试题及解答(第一卷)1950—1954	2014—07	18.00	277
历届美国中学生数学竞赛试题及解答(第二卷)1955—1959	2014—04	18.00	278
历届美国中学生数学竞赛试题及解答(第三卷)1960—1964	2014—06	18.00	279
历届美国中学生数学竞赛试题及解答(第四卷)1965—1969	2014—04	28.00	280
历届美国中学生数学竞赛试题及解答(第五卷)1970—1972	2014—06	18.00	281
历届美国中学生数学竞赛试题及解答(第七卷)1981—1986	2015—01	18.00	424

哈尔滨工业大学出版社刘培杰数学工作室
已出版(即将出版)图书目录

书　名	出版时间	定　价	编号
历届IMO试题集(1959—2005)	2006—05	58.00	5
历届CMO试题集	2008—09	28.00	40
历届中国数学奥林匹克试题集	2014—10	38.00	394
历届加拿大数学奥林匹克试题集	2012—08	38.00	215
历届美国数学奥林匹克试题集:多解推广加强	2012—08	38.00	209
历届波兰数学竞赛试题集.第1卷,1949~1963	2015—03	18.00	453
历届波兰数学竞赛试题集.第2卷,1964~1976	2015—03	18.00	454
保加利亚数学奥林匹克	2014—10	38.00	393
圣彼得堡数学奥林匹克试题集	2015—01	48.00	429
历届国际大学生数学竞赛试题集(1994—2010)	2012—01	28.00	143
全国大学生数学夏令营数学竞赛试题及解答	2007—03	28.00	15
全国大学生数学竞赛辅导教程	2012—07	28.00	189
全国大学生数学竞赛复习全书	2014—04	48.00	340
历届美国大学生数学竞赛试题集	2009—03	88.00	43
前苏联大学生数学奥林匹克竞赛题解(上编)	2012—04	28.00	169
前苏联大学生数学奥林匹克竞赛题解(下编)	2012—04	38.00	170
历届美国数学邀请赛试题集	2014—01	48.00	270
全国高中数学竞赛试题及解答.第1卷	2014—07	38.00	331
大学生数学竞赛讲义	2014—09	28.00	371
高考数学临门一脚(含密押三套卷)(理科版)	2015—01	24.80	421
高考数学临门一脚(含密押三套卷)(文科版)	2015—01	24.80	422
新课标高考数学题型全归纳(文科版)	2015—05	72.00	467
新课标高考数学题型全归纳(理科版)	2015—05	82.00	468

整函数	2012—08	18.00	161
多项式和无理数	2008—01	68.00	22
模糊数据统计学	2008—03	48.00	31
模糊分析学与特殊泛函空间	2013—01	68.00	241
受控理论与解析不等式	2012—05	78.00	165
解析不等式新论	2009—06	68.00	48
反问题的计算方法及应用	2011—11	28.00	147
建立不等式的方法	2011—03	98.00	104
数学奥林匹克不等式研究	2009—08	68.00	56
不等式研究(第二辑)	2012—02	68.00	153
初等数学研究(Ⅰ)	2008—09	68.00	37
初等数学研究(Ⅱ)(上、下)	2009—05	118.00	46,47
中国初等数学研究　2009卷(第1辑)	2009—05	20.00	45
中国初等数学研究　2010卷(第2辑)	2010—05	30.00	68
中国初等数学研究　2011卷(第3辑)	2011—07	60.00	127
中国初等数学研究　2012卷(第4辑)	2012—07	48.00	190
中国初等数学研究　2014卷(第5辑)	2014—02	48.00	288
数阵及其应用	2012—02	28.00	164
绝对值方程—折边与组合图形的解析研究	2012—07	48.00	186
不等式的秘密(第一卷)	2012—02	28.00	154
不等式的秘密(第一卷)(第2版)	2014—02	38.00	286
不等式的秘密(第二卷)	2014—01	38.00	268
初等不等式的证明方法	2010—06	38.00	123
初等不等式的证明方法(第二版)	2014—11	38.00	407

哈尔滨工业大学出版社刘培杰数学工作室
已出版(即将出版)图书目录

书 名	出版时间	定价	编号
数学奥林匹克在中国	2014—06	98.00	344
数学奥林匹克问题集	2014—01	38.00	267
数学奥林匹克不等式散论	2010—06	38.00	124
数学奥林匹克不等式欣赏	2011—09	38.00	138
数学奥林匹克超级题库(初中卷上)	2010—01	58.00	66
数学奥林匹克不等式证明方法和技巧(上、下)	2011—08	158.00	134,135
近代拓扑学研究	2013—04	38.00	239
新编640个世界著名数学智力趣题	2014—01	88.00	242
500个最新世界著名数学智力趣题	2008—06	48.00	3
400个最新世界著名数学最值问题	2008—09	48.00	36
500个世界著名数学征解问题	2009—06	48.00	52
400个中国最佳初等数学征解老问题	2010—01	48.00	60
500个俄罗斯数学经典老题	2011—01	28.00	81
1000个国外中学物理好题	2012—04	48.00	174
300个日本高考数学题	2012—05	38.00	142
500个前苏联早期高考数学试题及解答	2012—05	28.00	185
546个早期俄罗斯大学生数学竞赛题	2014—03	38.00	285
548个来自美苏的数学好问题	2014—11	28.00	396
20所苏联著名大学早期入学试题	2015—02	18.00	452
161道德国工科大学生必做的微分方程习题	2015—05	28.00	469
500个德国工科大学生必做的高数习题	2015—06	28.00	478
德国讲义日本考题.微积分卷	2015—04	48.00	456
德国讲义日本考题.微分方程卷	2015—04	38.00	457
博弈论精粹	2008—03	58.00	30
博弈论精粹.第二版(精装)	2015—01	88.00	461
数学 我爱你	2008—01	28.00	20
精神的圣徒 别样的人生——60位中国数学家成长的历程	2008—09	48.00	39
数学史概论	2009—06	78.00	50
数学史概论(精装)	2013—03	158.00	272
斐波那契数列	2010—02	28.00	65
数学拼盘和斐波那契魔方	2010—07	38.00	72
斐波那契数列欣赏	2011—01	28.00	160
数学的创造	2011—02	48.00	85
数学中的美	2011—02	38.00	84
数论中的美学	2014—12	38.00	351
数学王者 科学巨人——高斯	2015—01	28.00	428
王连笑教你怎样学数学:高考选择题解题策略与客观题实用训练	2014—01	48.00	262
王连笑教你怎样学数学:高考数学高层次讲座	2015—02	48.00	432
最新全国及各省市高考数学试卷解法研究及点拨评析	2009—02	38.00	41
高考数学的理论与实践	2009—08	38.00	53
中考数学专题总复习	2007—04	28.00	6
向量法巧解数学高考题	2009—08	28.00	54
高考数学核心题型解题方法与技巧	2010—01	28.00	86
高考思维新平台	2014—03	38.00	259
数学解题——靠数学思想给力(上)	2011—07	38.00	131
数学解题——靠数学思想给力(中)	2011—07	48.00	132
数学解题——靠数学思想给力(下)	2011—07	38.00	133
高中数学教学通鉴	2015—05	58.00	479

哈尔滨工业大学出版社刘培杰数学工作室
已出版(即将出版)图书目录

书 名	出版时间	定 价	编号
我怎样解题	2013—01	48.00	227
和高中生漫谈：数学与哲学的故事	2014—08	28.00	369
2011年全国及各省市高考数学试题审题要津与解法研究	2011—10	48.00	139
2013年全国及各省市高考数学试题解析与点评	2014—01	48.00	282
全国及各省市高考数学试题审题要津与解法研究	2015—02	48.00	450
新课标高考数学——五年试题分章详解(2007～2011)(上、下)	2011—10	78.00	140,141
30分钟拿下高考数学选择题、填空题(第二版)	2012—01	28.00	146
全国中考数学压轴题审题要津与解法研究	2013—04	78.00	248
新编全国及各省市中考数学压轴题审题要津与解法研究	2014—05	58.00	342
全国及各省市5年中考数学压轴题审题要津与解法研究	2015—04	58.00	462
高考数学压轴题解题诀窍(上)	2012—02	78.00	166
高考数学压轴题解题诀窍(下)	2012—03	28.00	167
自主招生考试中的参数方程问题	2015—01	28.00	435
自主招生考试中的极坐标问题	2015—04	28.00	463
近年全国重点大学自主招生数学试题全解及研究.华约卷	2015—02	38.00	441
近年全国重点大学自主招生数学试题全解及研究.北约卷	即将出版		
格点和面积	2012—07	18.00	191
射影几何趣谈	2012—04	28.00	175
斯潘纳尔引理——从一道加拿大数学奥林匹克试题谈起	2014—01	28.00	228
李普希兹条件——从几道近年高考数学试题谈起	2012—10	18.00	221
拉格朗日中值定理——从一道北京高考试题的解法谈起	2012—10	18.00	197
闵科夫斯基定理——从一道清华大学自主招生试题谈起	2014—01	28.00	198
哈尔测度——从一道冬令营试题的背景谈起	2012—08	28.00	202
切比雪夫逼近问题——从一道中国台北数学奥林匹克试题谈起	2013—04	38.00	238
伯恩斯坦多项式与贝齐尔曲面——从一道全国高中数学联赛试题谈起	2013—03	38.00	236
卡塔兰猜想——从一道普特南竞赛试题谈起	2013—06	18.00	256
麦卡锡函数和阿克曼函数——从一道前南斯拉夫数学奥林匹克试题谈起	2012—08	18.00	201
贝蒂定理与拉姆贝克莫斯尔定理——从一个拣石子游戏谈起	2012—08	18.00	217
皮亚诺曲线和豪斯道夫分球定理——从无限集谈起	2012—08	18.00	211
平面凸图形与凸多面体	2012—10	28.00	218
斯坦因豪斯问题——从一道二十五省市自治区中学数学竞赛试题谈起	2012—07	18.00	196
纽结理论中的亚历山大多项式与琼斯多项式——从一道北京市高一数学竞赛试题谈起	2012—07	28.00	195
原则与策略——从波利亚"解题表"谈起	2013—04	38.00	244
转化与化归——从三大尺规作图不能问题谈起	2012—08	28.00	214
代数几何中的贝祖定理(第一版)——从一道IMO试题的解法谈起	2013—08	18.00	193
成功连贯理论与约当块理论——从一道比利时数学竞赛试题谈起	2012—04	18.00	180
磨光变换与范·德·瓦尔登猜想——从一道环球城市竞赛试题谈起	即将出版		
素数判定与大数分解	2014—08	18.00	199
置换多项式及其应用	2012—10	18.00	220
椭圆函数与模函数——从一道美国加州大学洛杉矶分校(UCLA)博士资格考题谈起	2012—10	28.00	219

哈尔滨工业大学出版社刘培杰数学工作室
已出版(即将出版)图书目录

书　名	出版时间	定　价	编号
差分方程的拉格朗日方法——从一道2011年全国高考理科试题的解法谈起	2012-08	28.00	200
力学在几何中的一些应用	2013-01	38.00	240
高斯散度定理、斯托克斯定理和平面格林定理——从一道国际大学生数学竞赛试题谈起	即将出版		
康托洛维奇不等式——从一道全国高中联赛试题谈起	2013-03	28.00	337
西格尔引理——从一道第18届IMO试题的解法谈起	即将出版		
罗斯定理——从一道前苏联数学竞赛试题谈起	即将出版		
拉克斯定理和阿廷定理——从一道IMO试题的解法谈起	2014-01	58.00	246
毕卡大定理——从一道美国大学数学竞赛试题谈起	2014-07	18.00	350
贝齐尔曲线——从一道全国高中联赛试题谈起	即将出版		
拉格朗日乘子定理——从一道2005年全国高中联赛试题谈起	即将出版		
雅可比定理——从一道日本数学奥林匹克试题谈起	2013-04	48.00	249
李天岩-约克定理——从一道波兰数学竞赛试题谈起	2014-06	28.00	349
整系数多项式因式分解的一般方法——从克朗耐克算法谈起	即将出版		
布劳维不动点定理——从一道前苏联数学奥林匹克试题谈起	2014-01	38.00	273
压缩不动点定理——从一道高考数学试题的解法谈起	即将出版		
伯恩赛德定理——从一道英国数学奥林匹克试题谈起	即将出版		
布查特-莫斯特定理——从一道上海市初中竞赛试题谈起	即将出版		
数论中的同余数问题——从一道普特南竞赛试题谈起	即将出版		
范·德蒙行列式——从一道美国数学奥林匹克试题谈起	即将出版		
中国剩余定理:总数法构建中国历史年表	2015-01	28.00	430
牛顿程序与方程求根——从一道全国高考试题解法谈起	即将出版		
库默尔定理——从一道IMO预选试题谈起	即将出版		
卢丁定理——从一道冬令营试题的解法谈起	即将出版		
沃斯滕霍姆定理——从一道IMO预选试题谈起	即将出版		
卡尔松不等式——从一道莫斯科数学奥林匹克试题谈起	即将出版		
信息论中的香农熵——从一道近年高考压轴题谈起	即将出版		
约当不等式——从一道希望杯竞赛试题谈起	即将出版		
拉比诺维奇定理	即将出版		
刘维尔定理——从一道《美国数学月刊》征解问题的解法谈起	即将出版		
卡塔兰恒等式与级数求和——从一道IMO试题的解法谈起	即将出版		
勒让德猜想与素数分布——从一道爱尔兰竞赛试题谈起	即将出版		
天平称重与信息论——从一道基辅市数学奥林匹克试题谈起	即将出版		
哈密尔顿-凯莱定理:从一道高中数学联赛试题的解法谈起	2014-09	18.00	376
艾思特曼定理——从一道CMO试题的解法谈起	即将出版		

哈尔滨工业大学出版社刘培杰数学工作室
已出版(即将出版)图书目录

书　　名	出版时间	定　价	编号
一个爱尔特希问题——从一道西德数学奥林匹克试题谈起	即将出版		
有限群中的爱丁格尔问题——从一道北京市初中二年级数学竞赛试题谈起	即将出版		
贝克码与编码理论——从一道全国高中联赛试题谈起	即将出版		
帕斯卡三角形	2014—03	18.00	294
蒲丰投针问题——从2009年清华大学的一道自主招生试题谈起	2014—01	38.00	295
斯图姆定理——从一道"华约"自主招生试题的解法谈起	2014—01	18.00	296
许瓦兹引理——从一道加利福尼亚大学伯克利分校数学系博士生试题谈起	2014—08	18.00	297
拉格朗日中值定理——从一道北京高考试题的解法谈起	2014—01		298
拉姆塞定理——从王诗宬院士的一个问题谈起	2014—01		299
坐标法	2013—12	28.00	332
数论三角形	2014—04	38.00	341
毕克定理	2014—07	18.00	352
数林掠影	2014—09	48.00	389
我们周围的概率	2014—10	38.00	390
凸函数最值定理:从一道华约自主招生题的解法谈起	2014—10	28.00	391
易学与数学奥林匹克	2014—10	38.00	392
生物数学趣谈	2015—01	18.00	409
反演	2015—01		420
因式分解与圆锥曲线	2015—01	18.00	426
轨迹	2015—01	28.00	427
面积原理:从常庚哲命的一道CMO试题的积分解法谈起	2015—01	48.00	431
形形色色的不动点定理:从一道28届IMO试题谈起	2015—01	38.00	439
柯西函数方程:从一道上海交大自主招生的试题谈起	2015—02	28.00	440
三角恒等式	2015—02	28.00	442
无理性判定:从一道2014年"北约"自主招生试题谈起	2015—01	38.00	443
数学归纳法	2015—03	18.00	451
极端原理与解题	2015—04	28.00	464
中等数学英语阅读文选	2006—12	38.00	13
统计学专业英语	2007—03	28.00	16
统计学专业英语(第二版)	2012—07	48.00	176
统计学专业英语(第三版)	2015—04	68.00	465
幻方和魔方(第一卷)	2012—05	68.00	173
尘封的经典——初等数学经典文献选读(第一卷)	2012—07	48.00	205
尘封的经典——初等数学经典文献选读(第二卷)	2012—07	38.00	206
实变函数论	2012—06	78.00	181
非光滑优化及其变分分析	2014—01	48.00	230
疏散的马尔科夫链	2014—01	58.00	266
马尔科夫过程论基础	2015—01	28.00	433
初等微分拓扑学	2012—07	18.00	182
方程式论	2011—03	38.00	105
初级方程式论	2011—03	28.00	106
Galois 理论	2011—03	18.00	107
古典数学难题与伽罗瓦理论	2012—11	58.00	223
伽罗华与群论	2014—01	28.00	290
代数方程的根式解及伽罗瓦理论	2011—03	28.00	108
代数方程的根式解及伽罗瓦理论(第二版)	2015—01	28.00	423

哈尔滨工业大学出版社刘培杰数学工作室
已出版(即将出版)图书目录

书　名	出版时间	定　价	编号
线性偏微分方程讲义	2011—03	18.00	110
N体问题的周期解	2011—03	28.00	111
代数方程式论	2011—05	18.00	121
动力系统的不变量与函数方程	2011—07	48.00	137
基于短语评价的翻译知识获取	2012—02	48.00	168
应用随机过程	2012—04	48.00	187
概率论导引	2012—04	18.00	179
矩阵论(上)	2013—06	58.00	250
矩阵论(下)	2013—06	48.00	251
趣味初等方程妙题集锦	2014—09	48.00	388
趣味初等数论选美与欣赏	2015—02	48.00	445
对称锥互补问题的内点法:理论分析与算法实现	2014—08	68.00	368
抽象代数:方法导引	2013—06	38.00	257
闵嗣鹤文集	2011—03	98.00	102
吴从炘数学活动三十年(1951~1980)	2010—07	99.00	32
函数论	2014—11	78.00	395
耕读笔记(上卷):一位农民数学爱好者的初数探索	2015—04	48.00	459

数贝偶拾——高考数学题研究	2014—04	28.00	274
数贝偶拾——初等数学研究	2014—04	38.00	275
数贝偶拾——奥数题研究	2014—04	48.00	276
集合、函数与方程	2014—01	28.00	300
数列与不等式	2014—01	38.00	301
三角与平面向量	2014—01	28.00	302
平面解析几何	2014—01	38.00	303
立体几何与组合	2014—01	28.00	304
极限与导数、数学归纳法	2014—01	38.00	305
趣味数学	2014—03	28.00	306
教材教法	2014—04	68.00	307
自主招生	2014—05	58.00	308
高考压轴题(上)	2014—11	48.00	309
高考压轴题(下)	2014—10	68.00	310

从费马到怀尔斯——费马大定理的历史	2013—10	198.00	Ⅰ
从庞加莱到佩雷尔曼——庞加莱猜想的历史	2013—10	298.00	Ⅱ
从切比雪夫到爱尔特希(上)——素数定理的初等证明	2013—07	48.00	Ⅲ
从切比雪夫到爱尔特希(下)——素数定理100年	2012—12	98.00	Ⅲ
从高斯到盖尔方特——二次域的高斯猜想	2013—10	198.00	Ⅳ
从库默尔到朗兰兹——朗兰兹猜想的历史	2014—01	98.00	Ⅴ
从比勃巴赫到德布朗斯——比勃巴赫猜想的历史	2014—02	298.00	Ⅵ
从麦比乌斯到陈省身——麦比乌斯变换与麦比乌斯带	2014—02	298.00	Ⅶ
从布尔到豪斯道夫——布尔方程与格论漫谈	2013—10	198.00	Ⅷ
从开普勒到阿诺德——三体问题的历史	2014—05	298.00	Ⅸ
从华林到华罗庚——华林问题的历史	2013—10	298.00	Ⅹ

哈尔滨工业大学出版社刘培杰数学工作室
已出版(即将出版)图书目录

书　名	出版时间	定　价	编号
吴振奎高等数学解题真经(概率统计卷)	2012—01	38.00	149
吴振奎高等数学解题真经(微积分卷)	2012—01	68.00	150
吴振奎高等数学解题真经(线性代数卷)	2012—01	58.00	151
高等数学解题全攻略(上卷)	2013—06	58.00	252
高等数学解题全攻略(下卷)	2013—06	58.00	253
高等数学复习纲要	2014—01	18.00	384
钱昌本教你快乐学数学(上)	2011—12	48.00	155
钱昌本教你快乐学数学(下)	2012—03	58.00	171
三角函数	2014—01	38.00	311
不等式	2014—01	38.00	312
数列	2014—01	38.00	313
方程	2014—01	28.00	314
排列和组合	2014—01	28.00	315
极限与导数	2014—01	28.00	316
向量	2014—09	38.00	317
复数及其应用	2014—08	28.00	318
函数	2014—01	38.00	319
集合	即将出版		320
直线与平面	2014—01	28.00	321
立体几何	2014—04	28.00	322
解三角形	即将出版		323
直线与圆	2014—01	28.00	324
圆锥曲线	2014—01	38.00	325
解题通法(一)	2014—07	38.00	326
解题通法(二)	2014—07	38.00	327
解题通法(三)	2014—05	38.00	328
概率与统计	2014—01	28.00	329
信息迁移与算法	即将出版		330
第19～23届"希望杯"全国数学邀请赛试题审题要津详细评注(初一版)	2014—03	28.00	333
第19～23届"希望杯"全国数学邀请赛试题审题要津详细评注(初二、初三版)	2014—03	38.00	334
第19～23届"希望杯"全国数学邀请赛试题审题要津详细评注(高一版)	2014—03	28.00	335
第19～23届"希望杯"全国数学邀请赛试题审题要津详细评注(高二版)	2014—03	38.00	336
第19～25届"希望杯"全国数学邀请赛试题审题要津详细评注(初一版)	2015—01	38.00	416
第19～25届"希望杯"全国数学邀请赛试题审题要津详细评注(初二、初三版)	2015—01	58.00	417
第19～25届"希望杯"全国数学邀请赛试题审题要津详细评注(高一版)	2015—01	48.00	418
第19～25届"希望杯"全国数学邀请赛试题审题要津详细评注(高二版)	2015—01	48.00	419
物理奥林匹克竞赛大题典——力学卷	2014—11	48.00	405
物理奥林匹克竞赛大题典——热学卷	2014—04	28.00	339
物理奥林匹克竞赛大题典——电磁学卷	即将出版		406
物理奥林匹克竞赛大题典——光学与近代物理卷	2014—06	28.00	345

哈尔滨工业大学出版社刘培杰数学工作室
已出版（即将出版）图书目录

书 名	出版时间	定 价	编号
历届中国东南地区数学奥林匹克试题集(2004～2012)	2014—06	18.00	346
历届中国西部地区数学奥林匹克试题集(2001～2012)	2014—07	18.00	347
历届中国女子数学奥林匹克试题集(2002～2012)	2014—08	18.00	348
几何变换（Ⅰ）	2014—07	28.00	353
几何变换（Ⅱ）	即将出版		354
几何变换（Ⅲ）	2015—01	38.00	355
几何变换（Ⅳ）	即将出版		356
美国高中数学竞赛五十讲.第1卷(英文)	2014—08	28.00	357
美国高中数学竞赛五十讲.第2卷(英文)	2014—08	28.00	358
美国高中数学竞赛五十讲.第3卷(英文)	2014—09	28.00	359
美国高中数学竞赛五十讲.第4卷(英文)	2014—09	28.00	360
美国高中数学竞赛五十讲.第5卷(英文)	2014—10	28.00	361
美国高中数学竞赛五十讲.第6卷(英文)	2014—11	28.00	362
美国高中数学竞赛五十讲.第7卷(英文)	2014—12	28.00	363
美国高中数学竞赛五十讲.第8卷(英文)	2015—01	28.00	364
美国高中数学竞赛五十讲.第9卷(英文)	2015—01	28.00	365
美国高中数学竞赛五十讲.第10卷(英文)	2015—02	38.00	366
IMO 50年.第1卷(1959—1963)	2014—11	28.00	377
IMO 50年.第2卷(1964—1968)	2014—11	28.00	378
IMO 50年.第3卷(1969—1973)	2014—09	28.00	379
IMO 50年.第4卷(1974—1978)	即将出版		380
IMO 50年.第5卷(1979—1984)	2015—04	38.00	381
IMO 50年.第6卷(1985—1989)	2015—04	58.00	382
IMO 50年.第7卷(1990—1994)	即将出版		383
IMO 50年.第8卷(1995—1999)	即将出版		384
IMO 50年.第9卷(2000—2004)	2015—04	58.00	385
IMO 50年.第10卷(2005—2008)	即将出版		386
历届美国大学生数学竞赛试题集.第一卷(1938—1949)	2015—01	28.00	397
历届美国大学生数学竞赛试题集.第二卷(1950—1959)	2015—01	28.00	398
历届美国大学生数学竞赛试题集.第三卷(1960—1969)	2015—01	28.00	399
历届美国大学生数学竞赛试题集.第四卷(1970—1979)	2015—01	18.00	400
历届美国大学生数学竞赛试题集.第五卷(1980—1989)	2015—01	28.00	401
历届美国大学生数学竞赛试题集.第六卷(1990—1999)	2015—01	28.00	402
历届美国大学生数学竞赛试题集.第七卷(2000—2009)	即将出版		403
历届美国大学生数学竞赛试题集.第八卷(2010—2012)	2015—01	18.00	404

哈尔滨工业大学出版社刘培杰数学工作室
已出版(即将出版)图书目录

书 名	出版时间	定 价	编号
新课标高考数学创新题解题诀窍:总论	2014—09	28.00	372
新课标高考数学创新题解题诀窍:必修1～5分册	2014—08	38.00	373
新课标高考数学创新题解题诀窍:选修2-1,2-2,1-1,1-2分册	2014—09	38.00	374
新课标高考数学创新题解题诀窍:选修2-3,4-4,4-5分册	2014—09	18.00	375
全国重点大学自主招生英文数学试题全攻略:词汇卷	即将出版		410
全国重点大学自主招生英文数学试题全攻略:概念卷	2015—01	28.00	411
全国重点大学自主招生英文数学试题全攻略:文章选读卷(上)	即将出版		412
全国重点大学自主招生英文数学试题全攻略:文章选读卷(下)	即将出版		413
全国重点大学自主招生英文数学试题全攻略:试题卷	即将出版		414
全国重点大学自主招生英文数学试题全攻略:名著欣赏卷	即将出版		415

联系地址:哈尔滨市南岗区复华四道街10号 哈尔滨工业大学出版社刘培杰数学工作室
网　　址:http://lpj.hit.edu.cn/
邮　　编:150006
联系电话:0451-86281378　　13904613167
E-mail:lpj1378@163.com